新时代
中国特色社会主义
文化自信研究

于凌炜 著

知识产权出版社
全国百佳图书出版单位
—北京—

图书在版编目（CIP）数据

新时代中国特色社会主义文化自信研究/于凌炜著. —北京：知识产权出版社，2020.10

ISBN 978－7－5130－7216－8

Ⅰ.①新… Ⅱ.①于… Ⅲ.①中国特色社会主义—文化事业—研究 Ⅳ.①G12

中国版本图书馆 CIP 数据核字（2020）第 187702 号

责任编辑：兰　涛　　　　　　　责任校对：谷　洋
封面设计：博华创意·张冀　　　责任印制：孙婷婷

新时代中国特色社会主义文化自信研究

于凌炜　著

出版发行：知识产权出版社有限责任公司	网　　址：http://www.ipph.cn
社　　址：北京市海淀区气象路 50 号院	邮　　编：100081
责编电话：010－82000860 转 8325	责编邮箱：lantao@cnipr.com
发行电话：010－82000860 转 8101/8102	发行传真：010－82000893/82005070/82000270
印　　刷：北京建宏印刷有限公司	经　　销：各大网上书店、新华书店及相关专业书店
开　　本：787mm×1092mm　1/16	印　　张：14.5
版　　次：2020 年 10 月第 1 版	印　　次：2020 年 10 月第 1 次印刷
字　　数：208 千字	定　　价：58.00 元
ISBN 978－7－5130－7216－8	

出版权专有　侵权必究

如有印装质量问题，本社负责调换。

目 录

导 语 ………………………………………………………………… 1

**第一章 新时代中国特色社会主义文化自信提出的重大意义
　　　　与时代背景** …………………………………………… 4

　一、新时代中国特色社会主义文化自信提出的重大意义 ……… 4
　　（一）文化自信命题的提出 ………………………………… 4
　　（二）文化自信的内涵 ……………………………………… 7
　　（三）文化自信提出的重大意义 …………………………… 14
　二、新时代中国特色社会主义文化自信提出的时代背景 ……… 31
　　（一）命题提出的国际背景 ………………………………… 32
　　（二）命题提出的国内背景 ………………………………… 36
　　（三）命题提出的中国近代历史的背景 …………………… 38

**第二章 新时代中国特色社会主义文化自信提出的时代价值
　　　　与实践基础** ………………………………………… 41

　一、新时代中国特色社会主义文化自信提出的时代价值 ……… 41
　　（一）中华优秀传统文化是中华民族的根和魂 …………… 41
　　（二）中国特色社会主义植根于中华文化的沃土 ………… 43
　　（三）坚定文化自信是解决新时代我国社会主要矛盾的
　　　　 内在基础 …………………………………………… 44

1

（四）文化自信是推动改革发展的强大精神力量 …… 45
（五）只有坚定文化自信才能最终实现中华民族的伟大复兴 … 47
二、新时代中国特色社会主义文化自信的实践基础 …… 48
（一）数码技术和互联网 …… 48
（二）中产阶层的壮大与市民社会的兴起 …… 51
（三）文化消费、文化产业与大众文化 …… 56

第三章　文化全球化对中国文化自信构建带来的挑战和机遇 …… 61
一、文化全球化的实质和发展态势 …… 61
（一）文化全球化的实质 …… 62
（二）文化全球化的发展态势 …… 73
二、文化全球化对中国文化自信构建带来的挑战和机遇 …… 85
（一）文化全球化对中国文化自信构建带来的震荡和冲击 … 85
（二）文化全球化给中国文化自信构建带来的机遇 …… 95

第四章　国外文化自信的借鉴启示 …… 105
一、英国文化自信建构的经验 …… 105
二、法国文化自信建构的经验 …… 106
三、美国文化自信建构的经验 …… 109
四、韩国文化自信建构的经验 …… 112
五、国外文化自信建构经验对我国的启示 …… 114

**第五章　中国特色社会主义文化自信建构存在的问题
　　　　及对策建议** …… 118
一、当前中国文化自信建构中存在的问题 …… 119
（一）应对文化全球化自觉程度不够 …… 119
（二）文化体制问题严重 …… 121
（三）文化综合创新能力不足 …… 123
二、中国特色社会主义文化自信建构的对策建议 …… 126

（一）确立应对全球化的正确态度 ………………………… 126
（二）定位当代中国文化，增强文化自信 ………………… 137
（三）努力挖掘中国文化在文化全球化中的价值 ………… 150
（四）建设新时代中国特色法治文化 ……………………… 160

第六章 提升新时代文化自信的实践路径 ……………………… 167

一、在完善发展中增强文化自信 ……………………………… 167
（一）明确文化建设的目标体系 …………………………… 167
（二）树立和落实新的文化发展理念 ……………………… 169
（三）制定比较完善的文化政策和法规 …………………… 175

二、在改革创新中增进文化自信 ……………………………… 177
（一）积极进行文化创新 …………………………………… 178
（二）坚定不移地将文化体制改革引向深入 ……………… 183
（三）完善以高质量发展为导向的文化经济政策 ………… 186
（四）健全现代文化产业体系和市场体系 ………………… 188

三、在"走出去"战略中提升文化自信 …………………………… 194
（一）重视国家文化安全 …………………………………… 194
（二）推动中国文化走向世界 ……………………………… 196

四、在推动"中国之治"中坚定文化自信 ……………………… 200
（一）"中国之治"需要中华优秀文化的支撑 …………… 200
（二）在坚持和完善繁荣发展社会主义先进文化的制度中
坚定文化自信 ………………………………………… 207

参考文献 ………………………………………………………… 217

导　语

国学大师钱穆先生有句名言："一切问题，由文化问题产生；一切问题，由文化问题解决。"[1] 一个国家、一个民族的强盛，离不开文化兴盛的支撑。文化是熔铸在一个民族、一个国家生命中最深沉的力量，是一个民族、一个国家区别于其他民族、国家最鲜明的特质，更是一个民族、一个国家在世界全球化发展进程中走向强盛的重要标尺。

不同时代国家突出的主要内容是不完全相同的。在农业社会，战争一般都围绕着对土地的争夺展开，因为，那个时代领土的广袤是国家实力的象征，国与国之间的较量主要表现在通过军队去攻城略地；在工业社会，对于国家来说最重要的是原料产地和商品销售市场，所以国家之间的博弈主要是通过政治、军事、经济等手段去维护本国的原料产地和商品销售市场；在这两种社会形态中，虽然文化在一个国家的生死存亡中具有重要意义，但是，它还不是国家战略的主导方面，它对于国家安全的全部价值，还有一个有待展开的过程。然而，到了今天，我们步入了以知识经济为基础的信息时代，知识成为最重要的资源，对知识与信息的占有和控制以文化力的形式反映在国际竞争中，各国主要依靠文化、意识形态、社会制

---

[1] 钱穆. 文化学大义 [M]. 中国台北：台湾正中书局，1981：3.

度等"软权力"去维护国家利益，文化对于国家安全的全部价值已经展开了。这种无形的力量是一场没有硝烟的战争，虽然没有飞机大炮那样气势汹汹，但是它的破坏力却比有硝烟的战争更加惊人，它甚至能将一个民族从地球上连根拔去，虽然不是肉体的死亡，却是精神的泯灭。苏联解体，原因是多方面的，意识形态工作的失误是一个重要方面。时代发展至今天，文化问题对各国的重要意义愈益凸显，文化问题不仅是我国而且也是世界的热点问题。这种现象不是哪个人和哪个国家决定的，而是历史和时代发展的必然结果。就像有的专家所说：19世纪是军事征服世界的世纪；20世纪是发展经济的世纪；21世纪是以文化建立新时代的世纪。

文化问题的研究具有时代性。不同时代提出什么样的文化问题是时代的反映。文化自信就是我国社会主义文化建设过程中产生的新的理论成果，它也是对文化建设理论的补充与延伸。党的十八大以来，习近平总书记对中国特色社会主义事业全局高瞻远瞩，从中华民族伟大复兴的新战略高度，更加重视文化建设问题。习近平总书记曾在多个场合提到文化自信，并发表系列重要讲话，进一步强化阐释文化自信问题，形成了引领新时代的文化理念和文化观，把中国特色社会主义文化建设思想提高到了一个新高度。特别是在党的十九大报告中，习近平总书记站在新时代历史使命的高度提出了"坚定文化自信，推动社会主义文化繁荣兴盛"的文化新任务。

中国共产党第十九次代表大会最大的理论贡献，就是提出了习近平新时代中国特色社会主义思想，实现了我们党指导思想的与时俱进。习近平新时代中国特色社会主义思想，是一个系统完整、内涵丰富、思想深刻、逻辑严密的科学理论体系，蕴含一系列新理念、新思想、新观点，包括一系列重大理论创新。在这些理论创新中，一个重大创新就是"两个提升"，即把"三个自信"提升为"四个自信"，把中国特色社会主义内容由道路、理论体系、制度"三位一体"提升为道路、理论体系、制度、文化"四位一体"。文化自信不仅被写进了党的十九大报告，而且写进了党章，充分说明以习近平同志为核心的党中央对此问题的高度重视。

从党的十七大提出推动"文化大发展大繁荣"到党的十八大明确"建设文化强国"，再到党的十九大强调要"坚定文化自信"，文化在国民经济与社会发展中的重要性日益提升。

"文化自信"正日益成为一个欲观览未来中国文化走向则必须涉足其间的"众妙之门"，而文化自信的成果又绝非仅仅发生在文化方面，依照亨廷顿的观点，"文化举足轻重"于经济发展、物质福祉、政治民主化乃至军事战略，等等。文化自信不仅在构造未来的中国文化，也在构造未来的中国。

第一章　新时代中国特色社会主义文化自信提出的重大意义与时代背景

一、新时代中国特色社会主义文化自信提出的重大意义

文化问题是一个具有鲜明时代性的问题。不同时代所呈现出的文化问题一定是这个时代问题的反映。文化自信是习近平总书记为核心的党中央紧紧把握时代脉搏，针对当今我国文化建设中面临的问题，提出的新的文化理论成果，它也是对我国文化建设理论的丰富与延伸。文化自信的提出，既是要找回我们遗失的民族自信，也是我党结合中国特色社会主义的实际情况对科学社会主义理论的新发展，更是当今中华民族伟大复兴之所急需。新时代适时提出的文化自信，对中华民族的伟大复兴具有重大的意义。

（一）文化自信命题的提出

中国共产党第十九次代表大会一个重大的理论贡献，就是提出了习近平新时代中国特色社会主义思想，这一思想包括一系列重大理论创新，是我党指导思想的与时俱进。在这一系列理论创新中，把"三个自信"进一步提升为"四个自信"，也就是把原有的道路自信、理论自信和制度自信，进一步提升为道路自信、理论自信、制度自信和文化自信，是其中一个极其重要的创新。文化自信的提出,表明了我党对自身文化生命力的坚定信心。在党的十九大报告中,文化自信作为报告的第七大部分,深刻阐明了文化之于一个国家和民族的灵魂性意义,指明了新时代中国特色社会主义文化自信的重要任务,发出了中国共产党人一定能够担负起新的文化使命的铮铮誓言。党的十九大也把文化自信写入了新党章。这体现了以习近平总书记为核心的党中央对文化自信问题的高度重视。

文化自信的提出是我党经过逐步酝酿和长期思索的结果。党的十八大召开以来,习近平总书记在多个不同的场合都提到了文化自信问题,他多次深刻阐述了文化自信的基本内涵和在一个国家发展中的重要意义,表明了他鲜明的文化观点及文化理念。

2012年11月15日,在党的第十八届中央委员会第一次全体会议上当选为中共中央总书记的习近平同志,在中外记者招待会上指出:"在漫长的历史进程中,中国人民依靠自己的勤劳、勇敢、智慧,开创了民族和睦共处的美好家园,培育了历久弥新的优秀文化。"❶ 从习近平总书记对我们优秀文化的赞扬中可以体会出,他对我们中华文化充满了自豪。2014年2月24日,在参加中央政治局的集体学习时,习近平总书记提到了文化自信,他提出,要"增强文化自信和价值观自信"❷。2014年3月7日,在出席全国"两会"期间,习近平总书记进一步对文化自信进行了强调,他指出:"我们要坚定理论自信、道路自信、制度自信,最根本的还有一个文化自信。"❸ 2014年10月15日,他在文艺工作座谈会上说:"增强文化自觉和文化自信,是坚定道路自信、理论自信、制度自信的题中应

---

❶ 习近平.人民对美好生活的向往就是我们的奋斗目标(2012年11月15日),十八大以来重要文献选编(上)[M].北京:中央文献出版社,2014:70.

❷ 习近平.把培育和弘扬社会主义核心价值观作为凝魂聚气强基固本的基础工程[N].人民日报,2014-02-26.

❸ 李斌,霍小光."改革的集结号已经吹响"——习近平总书记同人大代表、政协委员共商国是纪实[N].人民日报,2014-03-13.

有之义。"❶ 2014年12月20日，在和澳门大学生的一次座谈上，习总书记把文化自信比作前三个自信的基础来论述，他说，要"建立制度自信、理论自信、道路自信，还有文化自信。文化自信是基础"❷。2015年11月3日，总书记在参加"读懂中国"国际会议的讲话中，把文化自信作为中国自信的本质来强调，他指出："中国有坚定的道路自信、理论自信、制度自信，其本质是建立在5000多年文明传承基础上的文化自信。"❸ 2016年5月17日，习总书记在哲学社会科学工作上用"三个更"着重强调了文化自信的重要作用，他说："我们说要坚定中国特色社会主义道路自信、理论自信、制度自信，说到底是要坚定文化自信。文化自信是更基本、更深沉、更持久的力量。"❹ 从这些论述中，我们可以清楚地看出，习近平总书记在强调中国特色社会主义原有"三个自信"的基础上，更加坚定地强调文化自信。习近平总书记总是从文化自信与其他"三个自信"之间的联系着眼，用"更基础、更广泛、更深厚""更基本、更深沉、更持久""基础""最根本""本质"等概念和表述，来强调文化自信的特殊地位和重要作用。同时，我们也可以从中体会到，在习总书记逐步的酝酿和思索中，文化自信与其他原有三个自信要并列提出的思想已呼之欲出了。

2016年6月28日，习近平总书记在参加中央政治局第三十三次集体学习时指出："要固本培元，把加强思想政治建设摆在首位，引导党员特别是领导干部筑牢信仰之基、补足精神之钙、把稳思想之舵，坚定中国特色社会主义道路自信、理论自信、制度自信、文化

---

❶ 习近平. 在文艺工作座谈会上的讲话（2014年10月15日）[N]. 人民日报，2015-10-15.
❷ 张诚. 中国共产党文化自信的历史逻辑 [J]. 紫光阁，2016（08）.
❸ 杜尚泽. 阔步走在中华民族伟大复兴的历史征程上——记以习近平同志为总书记的党中央推进全方位外交的成功实践 [N]. 人民日报，2016-01-05.
❹ 习近平. 在哲学社会科学工作座谈会上的讲话（2016年5月17日）[N]. 人民日报，2016-05-19.

自信。"❶ 这是总书记第一次把"四个自信"并列提出。由此，中国特色社会主义也由原来的"三个自信"提升为"四个自信"，随之，2016年7月1日，习近平总书记在"七一"讲话中，又重申了"四个自信"，他指出"全党要坚定道路自信、理论自信、制度自信、文化自信"❷。并强调"文化自信，是更基础、更广泛、更深厚的自信"。随后，在2016年10月通过的《关于新形势下的党内政治生活的若干准则》上，又明确把"四个自信"相并列，准则要求："必须坚定中国特色社会主义的道路自信、理论自信、制度自信、文化自信。"❸ 紧接着，在党的十九大报告中，文化自信作为单独的一部分出现在报告的第七部分，该部分以"要坚定文化自信，推动社会主义文化繁荣兴盛"为标题，对新时代我国的文化自信问题进行了专门论述。当今，已写入党的十九大报告和新党章的文化自信，作为习近平新时代中国特色社会主义思想的重要内容，必将对我国由文化大国到文化强国的转变起到极大的推动作用。

文化自信的提出，不仅仅是强调文化自信对中华民族复兴的重要性，而是要从根本上解决中国文化的主体地位和确立独立自信的民族精神问题。显然，文化自信不是要解决枝节性或一般性的问题，而是要解决关系民族长远发展的根本性问题，只有从本质上领会其蕴含的战略价值，才能把握文化自信思想的真正要义。

（二）文化自信的内涵

1. 文化自信中的"文化"概念界定

在研究"文化自信"问题之前，首先必须对"文化"概念进行

---

❶ 严肃党内政治生活净化党内政治生态 为全面从严治党打下重要政治基础［N］. 人民日报，2016－06－30.
❷ 习近平. 在庆祝中国共产党成立95周年大会上的讲话. 2016－07－01.
❸ 中国共产党第十八届中央委员会第六次全体会议文件汇编［M］. 北京：人民出版社，2006：30.

明确的界定,否则,问题本身将会陷入逻辑上的混乱。

要解释什么是"文化"是件非常困难的事情,因为这不是三言两语就能回答的问题。文化是一个含义极其宽泛和复杂的概念,英国学者伊格尔顿说:"据说'文化'是英语中两三个最为复杂的单词之一。"❶ 文化研究在社会实践领域是相当普及的,而每个研究文化的学者由于学术背景不同,一般都从自己的学术领域和所研究的具体角度出发对文化进行定义或界定,再加上中西方文化之间也存在一定差异,所以,众多学者从不同侧面对文化所下的定义林林总总,有人说有一百多种,也有人说有三百多种。(人类学家A. L. 克鲁伯和克拉克洪在他们合著的《文化:概念和定义的批判考察》中罗列出164种文化,韩民青在他的《文化论》中说文化定义有200多种,郑金洲在其著作《教育文化》中说文化定义有300多种。)这些概念很难取得一致,甚至让人们对之望而生畏,到现在也没有形成一个为学界认可的、非常权威的文化定义。但是,在对文化概念的分歧和争议背后,学者们对文化的认识还是存在基本的一致性和共同性。为此,本书只是根据当前文化研究的现状,结合本书所分析的对象和语境,从哲学的视角提取一个更为合适的定义,阐明文化在本书研究对象中的含义。

在中国,"文"与"化"出现在同一个语境中最早出现于《易传》:"观乎天文,以察时变;观乎人文,以化成天下。"而完整的"文化"一词最早出现在西汉刘向的《说苑·指武》中,该文中写道:"圣人久居天下也,先文德而后武力。凡武之兴,为不服也,文化不改,然后加诛。"但是,现在我国学界使用的"文化"一词,并不是从《说苑·指武》继承而来的,我们现在讲的"文化",应该说是一个外来语,它是20世纪初,日本学者翻译英语和法语中的

---

❶ 特里·伊格尔顿. 文化的观念 [M]. 方杰,译. 南京:南京大学出版社,2003:1.

"culture"一词时,借用汉语中"文化"一词,后来又由日文转移到中国而来的。

在古代中国,汉语中的"文化"概念有两层意思:一是指历代统治者所施行的文治教化的总和;二是指文物典章、朝政纲纪、道德伦序以及成为礼俗日用的一整套观念和习俗。❶ 在古代西方,culture 源于拉丁文 colere,其本意是土地的耕耘或作物的培育,是指与自然相对的事物而言的。后来,该词被引申到精神领域,指改造和教育人,完善人的内心世界,培养和提高人的素质。通过以上分析可以发现,中西古代"文化"概念还是存在一些差异的,但是,它们也有共同之处,二者都突出了文化具有不同于自然秩序和生存本能的"人为"性质。

到了近代,伴随着文化问题的逐渐凸显,人们对文化的研究不断深入,于是,人们对"文化"下的定义也越来越多。但是,这些定义不管是多么纷繁复杂,都可以归结为广义和狭义两种。关于什么是广义和狭义的"文化"定义,本书以在国内较有影响的《中国大百科全书》和《辞海》为例来解释。《中国大百科全书》社会学卷的定义是:"广义的文化是指人类创造的一切物质产品和精神产品的总和。狭义的文化专指语言、文学、艺术及一切意识形态在内的精神产品。"❷《中国大百科全书》哲学卷的定义是:"广义的文化总括人类的物质生产和精神生产的能力、物质的和精神的全部产品。狭义的文化指精神生产能力和精神产品,包括一切社会意识形式,有时又专指教育、科学、文学、艺术、卫生、体育等方面的知识和设施,以与世界观、政治思想、道德等意识形态相区别。"❸《辞海》中的定义是:"广义的文化指人类社会历史实践过程中所创造的精神

---

❶ 曹锡仁.中西文化比较导论[M].北京:中国青年出版社,1992:4—5.
❷ 中国大百科全书:社会学卷[M].北京:中国大百科全书出版社,2000:409.
❸ 中国大百科全书:哲学卷[M].北京:中国大百科全书出版社,2000:924.

财富和物质财富的总和；狭义的文化指社会的意识形态以及与之相适应的制度与组织机构。是一种历史现象，每一社会都有与其相适应的文化，并随着社会物质生产的发展而发展。"❶ 可以看出，以上三个定义大同小异，但是，究竟广义的文化和狭义的文化概念哪一个更常用呢？两部著作都没有回答这个问题，但是，《中国大百科全书（社会学卷）》指出："文化一词的中西两个来源，殊途同归，今人都用来指称人类社会的精神现象。"然而，"历史学、人类学和社会学通常在广义上使用文化概念"❷。由此，我们可以得知，广义的文化概念使用的范围是有限的，而狭义的文化概念使用的领域要更广泛一些。其实，对文化作狭义的理解，在现实生活中早已是一种很普遍的理论趋势。如果稍有留意大家就会发现，在理论界，大家经常见到把文化、经济和政治并列起来使用的情况，只要把它们并列使用，就说明承认了文化不是无所不包的，这里的文化只能是指经济和政治等之外的东西，很明显就是狭义的文化。例如，早在民主革命时期，毛泽东同志就把三者并列使用了，他在《新民主主义论》中明确指出"一定的文化（当作观念形态的文化）是一定社会的政治和经济的反映，又给予伟大影响和作用于一定社会的政治和经济；而经济是基础，政治则是经济的集中表现。这是我们对于文化和政治、经济的关系及政治和经济的关系的基本观点"❸。又如，党的十九大报告中指出要"统筹推进经济建设、政治建设、文化建设、社会建设、生态文明建设"。再如，近年来蜚声国际的美国学者亨廷顿在其文章《文明的冲突》中也是把文化、经济和政治并列使用的。把文化和经济、政治等并列使用的例子真是太多太多，我国著名学者黄楠森也指出："对文化作狭义的理解是具有更广泛性的趋

---

❶ 辞海［M］．上海：上海辞书出版社，2000：1731．
❷ 中国大百科全书：社会学卷［M］．北京：中国大百科全书出版社，2000：409．
❸ 毛泽东选集：第二卷［M］．北京：人民出版社，1991：663—664．

势，而且从文化理论和文化建设来讲，应该使用狭义的理解，狭义的文化是严格意义的文化，即人类的精神现象和精神产品。"❶

通过以上分析可以看出，无论是广义或是狭义的文化定义，之所以它们能得到认可并延续至今，就必然有其应用的价值，而且都可以成为我们思考文化问题的基础。但是，就本书的研究对象而言，狭义的文化更易于厘清当代的文化与经济和政治等的关系，所以本书在肯定广义文化的前提下，以狭义的文化为出发点对本书的对象展开研究。由此，本书的文化内涵是：文化指精神生产能力和精神产品，包括一切社会意识形式。也就是说，本书中的文化定义与《中国大百科全书（哲学卷）》狭义的文化定义保持一致。

2. 文化自信的内涵

文化自信关乎国运兴衰，关乎中华民族的伟大复兴，因此要理解文化自信的意义和内涵，只有站在事关国家和民族前途与命运的高度去把握，才能真正明白其中的要义。

关于文化自信，刘云山认为："文化自信是一个民族、一个国家以及一个政党对自身文化价值的充分肯定和积极践行，并对其文化的生命力持有的坚定信心。"❷ 可见，"文化自信"，其实就是一种对自身文化优越性的充分肯定和积极践行，是指一种文化在与其他文化相互交流时，对自身文化保有坚定信心的一种文化自觉意识。中国特色社会主义的文化自信强调的是精神上对自身文化价值坚定不移的信心。对于近代以来的中国而言，我们所说的文化自信，主要是指我们针对西方文化领导权的压力和挑战而对我们自身优秀文化的肯定与自觉。在人类世界里，任何行为主体一般都具有一定的文化，也都有自己预设的行为目标。当一个行为主体认为自身拥有的文化能够成为实现自己预设目标的保障时，它就会对自身的文化产

---

❶ 黄楠森. 论文化的内涵与外延 [J]. 北京社会科学，1997（04）.
❷ 刘云山. 论文化自信：不忘本来 [J]. 红旗文稿，2010（15）：4-9.

生自信。"人的发展越全面,文化在整个生活中的比重就越大。"❶中华民族的强大,也一定伴随着中华文化的更加繁荣。

中国特色社会主义文化内涵丰富而独特,习近平总书记指出:"中国特色社会主义文化,源自于中华民族五千多年文明历史所孕育的中华优秀传统文化,熔铸于党领导人民在革命、建设、改革中创造的革命文化和社会主义先进文化,植根于中国特色社会主义伟大实践。"❷ 这句话清楚地表明,中国特色社会主义文化包含中华优秀传统文化、革命文化和社会主义先进文化。因此,当今我们提出的文化自信也是指对这三种文化的自信,它们从本质上统一于对中国特色社会主义文化的自信。

中华优秀传统文化是我们文化自信的根源。中华民族在漫长的历史进程中创造的优秀传统文化是我们的根和魂。在我们的历史上,历经坎坷磨难的中华民族之所以还能凝聚起来,其根本原因就在于我们有优秀传统文化,这是我们民族内部彼此认同的核心,也是我们能团结一致的根源。博大精深的优秀传统文化也是我们文化发展的母体,它蕴含的治国理政、立德化民的丰富智慧,是我们国家巨大的思想宝库。马克思主义中国化的过程,就是我党根据我国实际情况,将马克思主义逐步与中国传统文化融合的过程,因此,在中国特色社会主义的发展进程中,马克思主义在中国的丰富和发展,也必须从中国传统文化中汲取营养才能进行。习近平总书记在2014年5月5日和北京大学师生座谈时说:"中华优秀传统文化已经成为中华民族的基因,植根在中国人内心,潜移默化影响着中国人的思想方式和行为方式。"❸ 历史上,历经坎坷磨难的中华民族之所以还

---

❶ 周文彰. 推动海南文化大发展大繁荣[J]. 求是,2008(09).
❷ http://www.chinanews.com/gn/2019/01-06/8721142.shtml.
❸ http://www.xinhuanet.com/politics/2014-05/05/c_1110528066_2.htm. 2014-05-05.

能凝聚起来，其根本原因就在于我们有优秀传统文化，这是我们民族内部彼此认同的核心，也是我们能团结一致的根源。习总书记在北京市海淀区民族小学主持召开座谈会时说："为什么中华民族能够在几千年的历史长河中顽强生存和不断发展呢？很重要的一个原因，是我们民族有一脉相承的精神追求、精神特质、精神脉络。"❶ 只有不忘本来才能在实践中更好地开拓未来。今天，我们只有坚定对优秀传统文化的自信，坚持古为今用、推陈出新，才能使中华文化更好地在继承中创新，也才能使我们的文化永远熠熠生辉。

奋发向上的革命文化是我们文化的营养剂。习近平总书记多次强调，革命文化就是我们最好的营养剂，重温我党伟大的革命史，就会有很多正能量生发出来。我们的革命文化在中华优秀传统文化和社会主义先进文化之间具有承上启下的作用，它是近代以来中国人民在中国共产党的带领下，英勇反抗外族侵略、争取民族独立和解放过程中形成的一种文化形态。革命文化中那种刚劲、质朴、高亢的精神品质，是对当时的战斗性、环境条件的艰苦性以及对未来充满美好向往的理想性的真实反映。革命文化在艰难的革命战争中产生，它来源于我们民族优秀传统文化这一母体，同时又在马克思主义的指引下创新升华。这种文化一经形成就对中国人民的精神状态产生了极大的积极作用，它蕴含的极富时代特征和民族特色的科学理论和伟大精神，为我们一代代人提供了最好的营养剂。

社会主义先进文化是我们文化前进的方向。我们的社会主义先进文化承前启后、继往开来。它是在马克思主义理论指引下，在对中华民族优秀传统文化和革命文化的传承和创新中形成的。马克思主义文化与中华优秀传统文化虽然来自两种不同的思想体系，但中国优秀传统文化一遇到马克思主义就复活了，二者在中国共

---

❶ http：//news.enorth.com.cn/system/2018/03/035197249.shtml. 2018 - 03 - 15.

产党人的探索下实现了深度融合，创造了中华文化的辉煌。马克思主义文化决定着当前我国文化的根本性质，是当代我国的主流文化；我们的优秀文化就是我们民族的基因身份证，是文化自信的根本源泉。在我们国家建设的每个历史阶段，我党积极推动马克思主义与中华优秀文化相结合，坚定不移地培育具有中国特色的社会主义先进文化，走出了一条我们自己的文化发展道路。特别是党的十一届三中全会以来，在中国特色社会主义先进文化的指引下，中国的社会主义建设仅仅用了几十年的时间，就赶上了西方发达国家经历几百年才走过的路程，创造了令世界为之惊叹的奇迹，这大大增强了中国人的自信。事实已充分证明，社会主义先进文化是有着强大生命力的文化，它代表着我国文化发展的方向，是一种可以让我们充分自信的文化。因此，新时代的中国共产党人，一定要继续深入推进马克思主义与中华优秀传统文化的结合，坚定对二者有机结合起来的中国特色社会主义文化的自信心，才能再造中华文化新的辉煌。

因此，当今我党提出的文化自信，既有对作为文化母体的优秀传统文化的自信，也有对作为我们红色家谱的革命文化和居于主导地位的社会主义先进文化的自信。这三种文化自信统一于中国特色社会主义的文化自信，为中华民族伟大复兴中国梦的实现提供强大的精神动力和思想保障。总而言之，文化自信命题的提出有其独特的时空方位。我们提出文化自信绝不仅仅是重拾传统，更重要的意义在于放眼未来。而我们只有深刻理解中国特色社会主义文化自信的内涵，也才能树立起更加坚定的理想信念。

（三）文化自信提出的重大意义

1. 文化建设与中国现代化

中国的现代化建设是一个包括政治、经济、文化等各个层面在内的全方位建设。其中，文化建设无疑占据着重要的地位。这是因为文化是人类社会的灵魂，是人类社会不断向前发展的内在驱动力和凝聚力，没有文化上的进步，就不会有社会的全面进步与现代化。"人的发展越全面，文化在整个生活中的比重就越大。从一定意义上说，人类生活从低级到高级、从蒙昧到文明的发展过程，就是生活中的文化含量不断增加的过程。"❶ 因此，在如今中国现代化进程的关键时期，深入审视和探讨文化建设与中国现代化的关系问题，无疑有着重要的理论与现实意义。

（1）文化建设与中国的国际形象

国际形象就是一定时期内国际社会对一国所形成的综合印象和整体评价。国际形象在很大程度上取决于一个国家的综合国力。随着中国现代化建设的飞速发展，中国的综合国力不断增强，世界各国把更多的目光投向了中国，他们在密切关注日益强大的中国将以怎样的形象出现在国际舞台上，也就是中国的国际形象问题。中国十分重视自己国际形象的塑造，因为，在国际社会，一国的国际形象一旦确立起来，就会对该国的国际地位和国际影响产生巨大的力量。"'国家形象'在全球化时代显得特别重要，已经成为国家利益的重要内容。损害国家形象，实际上就是损害国家利益，反之亦然。"❷ 所以，国际"形象成为不仅需要考虑而且必须重视的问题"❸。一国的国际形象如何，当然要取决于其拥有的经济、政治、军事和科技的实力与水平，但也绝对不能忽视文化建设对国际形象的重要塑造作用。因为，国家形象本身就是一种文化。纵观当今世界，一国的国际形象总是和该国的文化在世界上的影响力呈正相关，

---

❶ 周文彰. 推动海南文化大发展大繁荣 [J]. 求是，2008（09）.
❷ 俞可平，乔舒亚·库珀·雷默，等. 中国形象——外国学者眼里的中国 [M]. 北京：社会科学文献出版社，2006：2.
❸ 李忠杰. 我国需要更高层次的国际战略——"怎样认识和把握当今的国际战略形势"之八 [J]. 瞭望新闻周刊，2002（32）.

而这种影响力的强弱，又与这个国家对世界文化作出贡献的大小相关。因此，一个国家的文化实力如何，直接影响该国在国际上的地位与形象。文化对于国家的国际形象的作用可从以下两个方面表现出来：首先，一国的文化代表着本国的民族精神，它能直接向世界释放影响力和展示自身形象。其次，文化通过作用于国家外交，影响国家影响力的发挥和形象的塑造。

中国是文化资源大国，但却不是当今世界上的文化强国，而美国是文化资源小国，但却是当今世界上的文化强国。因此，当代中国不应当只是五千年华夏文化传统的继承者，也应当是华夏文明的开拓者和创新者，应当对人类文明作出新的贡献。改革开放以来，我国在文化建设方面取得了巨大成就，但总的来说，这与我国作为世界大国的地位还很不相称。在对外文化交流方面，虽然中国对世界有了一定程度的了解，但世界对中国的了解却还很少。很多欧美学者到中国访问后都说："中国原来是这样！"模模糊糊的孔夫子加上美味可口的中国餐，代表了多数西方人对中国的了解。由此可见，在全世界树立良好的国际形象，仍然是摆在我们面前的一项异常艰巨的任务。良好的形象是一个国家无形的宝贵资产，是加强国际交流与对话、实现国家利益的重要载体，因此，"中国要真正成为一个有世界影响的大国，就必须在全世界树立一个良好的形象。"❶ 既然文化对国家形象有如此大的影响，我们就要进一步增强我国的文化实力，更加自觉主动地推动文化的大发展大繁荣。

当今，制定国家文化总体发展战略是世界上发达国家提高综合国力和世界影响力的成功经验。韩国是较早通过文化战略手段来提高文化吸引力，从而塑造国家文化形象的典型国家。20世纪90年代起，韩国确立了"文化立国"方针，用知识型产业来提升国家的综

---

❶ 江忆恩. 中国参与国际体制的若干思考［J］. 世界经济与政治，1999（07）.

合国力,通过加大资金投入、加强制度保障和制定相关政策等有力措施大力支持文化产业进入国际市场参与竞争。为了探索提升国家形象的有效方案,韩国政府还设立了专门的业务机构研究国家形象建设问题;政府各部门都制定了与国家形象相关的政策课题和推进提升国家形象的活动;韩国学术界也在积极地进行着相关研究。韩国的文化战略收效显著,如今韩剧、韩国明星等已风行世界。1994年,澳大利亚制定了以"创造性的民族"为核心的文化立国战略。1999年,英国提出了"创意英国"的文化发展战略。20世纪90年代,日本政府确立了旨在致力于发掘本国文化资源与文化优势、拓展国际文化市场的"文化立国"战略。2000年年初,当时的俄罗斯代总统普京就批准实施俄罗斯文化战略,旨在提升国家形象,振兴民族文化传统,建设一个强大的俄罗斯。总之,加大文化建设的力度、提高文化吸引力是当今世界上许多国家制定文化发展战略、树立国家形象极为重要的内容之一。

在当今文化全球化的背景下,中国应当借鉴国际社会的成功经验,制定国家文化总体发展战略及相应的文化战略配套系统,尽快提高国家文化的管理能力、文化的原创能力和文化的综合创新能力等,为最终实现文化强国、树立良好的国际形象奠定坚实的基础。

第一,从我国的国情出发找准自身形象定位,发展与世界大国相称的文化实力。从以上发达国家文化建设的经验来看,这些国家都非常注重从本国国情出发,对国家形象的树立都有明确的目标定位,都注重塑造符合自身特点的形象。中国地域广阔,民族众多,历史悠久,文化资源丰富。对此,我们必须从我国的国情出发,对自己的国家形象进行明确的定位,形成我们的民族特色品牌,并长期贯彻下去。我国是文化资源大国,在当今文化全球化的时代,中国要成为真正意义上的世界文化大国就必须承担起一个世界大国应有的全球文化责任。我们不仅应该在国际秩序的建设中积极地发挥

建设性作用，而且也要对世界文化发展方向提供重要的启示和影响。中国成为世界强国的一个重要标志，就是中国文化对于世界的影响力和辐射力的全面复兴，发展出与我们作为世界大国相称的文化实力。

第二，规划构建国家形象的系统工程，适时拓展国家文化实力的战略疆域。国家形象是一个国家的系统工程，不可能一蹴而就，它需要从国家战略发展的高度统筹规划，分步骤实施。我们应该设立国家形象的专门构建机构，根据我国的文化传统和国情，举全国之力，对外传播有"中国特色"的国家形象。对外传播国家形象当然包含着文化疆域的拓展问题。随着我国的国力不断上升，中国应当适时考虑文化对外影响力的扩展问题，采取积极主动的策略推动中国文化产品、文化理念走出国门，走向更广阔的世界，让更多的人了解今天中国文化的发展态度和关于世界文化发展的建设性意见。文化战略疆域的不断拓展，也是中国成就文化强国的一项重要举措。

第三，大力发展我国的文化产业，创造国家文化安全良性发展的新环境。文化产业作为一个新兴的朝阳产业，是市场化程度发展到一定阶段的产物。当今时代，发展文化产业不仅是为了满足经济文化发展的需要，更是新一轮文化主权的保卫战。文化产品科技含量的高低，同国家的综合实力成正比，它不仅能表明一个国家生产力发达的程度，而且直接决定这个国家在世界上的文化影响力。中国的文化产业在世纪之交兴起，是社会主义市场经济体制确立和发展的结果。我国文化产业由于起步晚、规模小，在国际上处于弱势。因此，我们要大力发展文化产业。我们要制定文化产业发展战略，坚持在政府的宏观调控下，以市场为基础进行文化资源配置，扩大文化产业的市场份额，提升文化产业的科技含量。当然，发展文化产业不能只重视经济利益而忽视了文化建设。所有的文化产品，都关系着国家的文化身份、文化形象和文化安全问题。因此，在发展文化产业时，必须注重产业中的文化创造，把"文化"作为文化产业的主题，不断推动我国文化产业的健康发展。

良性的国家文化安全环境是实现文化发展目标的必然要求。中国文化国力建设的相对滞后在相当程度上决定了中国文化安全环境必然面临着严峻挑战。对此，在全球化时代，中国应当采取积极的国家文化安全对策，增强国家文化安全意识，建立健全国家文化安全预警机制，在必要时还需综合运用行政、法律和市场手段来保护自身的文化利益，以实现我国的文化建设在更加良好的环境中进行。

第四，传承中国优良文化传统，提升中国文化创新能力。发达国家文化发展经验告诉我们，发展创意经济，打造特色文化品牌，其意义不仅在于经济层面，更重要的还在于民族文化的传承。当前，中国作为具有优秀文化传统资源的大国，却处在世界工厂低附加值的制造环节。中国每年都用相当大的支出来买韩国游戏、日本动画、美国大片。和这些国家相比，我们一方面缺少传承优良文化传统的信念，另一方面我们的文化创新能力不足。一部中国的《三国演义》，经过韩国的游戏和日本的动画改编，回到中国赚得盆钵尽满。由此可见，当今文化创意产业、文化创新的价值对一个国家发展的意义之大。华夏民族是一个极富创造力的民族，拥有深厚的文化基础和巨大的文化潜力，我们应当积极借鉴其他民族有益的文化经验，发掘我们优秀的民族文化传统，创新文化表现形式，大力提升中国文化的创造能力。

随着中国综合国力的提升和文化建设的快速发展，国际社会对中国的认同在逐步上升。中国正在得到国际社会越来越广泛的认同、理解乃至支持、赞赏。中国正以良好的国家形象出现在国际舞台上。

（2）文化建设与中国的软实力

当今世界正处在大发展大变革大调整时期，世界多极化、经济全球化、社会信息化、文化多样化深入发展，各种思想文化交流交融交锋更加频繁,进一步凸显了文化软实力在综合国力竞争中的战略地位。文化越来越成为民族凝聚力和创造力的重要源泉,越来越成为综合国力竞争的重要因素,越来越成为经济社会发展的重要支撑,谁占据了文化发展的制高点,谁拥有强大的文化软实力,谁就能够在激烈的国际竞争中赢得主动、占得先机。

"软实力"是美国国防部前助理部长、哈佛大学肯尼迪学院院长约瑟夫·奈首先提出的一个重要观点。他认为,一个国家的综合国力,既包括经济、军事等"硬实力",也包括文化、政治思想等体现出来的"软实力"。约瑟夫·奈把软实力的来源总结为三个主要方面:文化、政治价值观以及外交政策。可以看出,他把文化放在了软实力的首要位置,之所以如此,我们认为,其用意就是要强调文化建设在软实力提升中的重要意义。有的学者说,"对一个社会的成功起决定作用的是文化,而不是政治"❶。约瑟夫·奈说得更形象:"在战斗中,剑强于笔,但从长远看,却是笔指导剑。"❷ 由此可见,当今时代,文化建设对国家软实力的重要意义已经日益显现出来。

随着全球化时代的到来,中国文化自信建构开始面临着新的挑战,加速发展文化"软实力"已成为我们当今时代的重大问题。文化自信对于中国软实力的提升具有重要意义。首先,从我们民族国家的自身发展来看,我国文化的繁荣发展有利于中华民族文化的传承和民族精神的汇聚,有利于我们更好地进行社会主义和谐社会的建设。文化的进一步发展壮大,能使我国的综合国力不断地得到增强,从而尽快实现我国和平发展的战略目标。其次,从国际关系来看,加强文化建设有利于拓展我国的外向影响,宣传社会主义制度的优越性,从而更好地塑造中国的国际形象。近年来,中国文化软实力得到了迅速发展,取得了举世瞩目的成就。但与此同时,由于

---

❶ 许嘉. 美国战略思维研究 [M]. 北京:军事科学出版社,2003:313.
❷ 约瑟夫·奈. 软力量:世界政坛成功之道 [M]. 北京:东方出版社,2005:5.

第一章 新时代中国特色社会主义文化自信提出的重大意义与时代背景

中国软实力发展始终面临着复杂的外部环境,加上我们在建设文化软实力方面还存在许多不足之处,因此,我们必须采取进一步的措施加大文化软实力建设的力度。

当今,在文化全球化大潮的冲击下,中国文化自信面临着前所未有的挑战。首先,从国内情况来看,当前中国文化自信面临着文化市场化的强烈冲击。随着我国社会主义市场经济体制的确立和不断完善,经济领域的市场化原则逐渐向文化领域渗透,导致文化领域出现了文化的功利化、商业化和世俗化趋势。中国原有的价值观念和意识形态等文化形态所具有的社会价值整合功能开始面临挑战。因此,我们需要对原有的文化体制进行适应时代变革需要的调整或转型,以防止整个社会出现严重的"社会失范"问题,从而为中国的崛起提供足够的文化支撑和精神动力。其次,从国际情况来看,全球化导致中外文化交往日益广泛,西方文化大量涌入,从而给中国民族文化的发展带来新的挑战。全球化一方面加速了世界文化的多元共享,另一方面也加速了文化殖民主义的扩张。一些西方发达国家往往借助自己的经济优势,进行文化扩张,其目的就是企图以他们的价值观念统领世界,达到和平时代称霸世界的野心。在各种纷至沓来的"西流"中,美国的霸权意图尤其明显。美国试图凭借其文化价值观"重塑"冷战后世界的新秩序,一位美国高级官员曾毫不掩饰地说:"如果世界趋向一种共同的语言,它应该是英语;如果世界趋向共同的电信、安全和质量标准,那么它们应该是美国的标准;如果世界正在由电视、广播和音乐联系在一起,节目应该是美国的;如果共同的价值观正在形成,它们应该是符合美国人民意愿的价值观。"❶ 在这种趋势下,文化软实力的发展更为直接地与国家主权联系起来,"捍卫自己的文化也就是捍卫自己国家的主权"❷,

---

❶ 王晓德. 美国文化与外交 [M]. 北京:世界知识出版社,2000:541.
❷ 印秀杰. 论综合国力竞争与文化冲突 [J]. 学术交流,2005 (08).

这已是发展中国家文化建设的战略共识。因此，对于中国而言，提升国家文化软实力，壮大民族文化以保证中国政治主权的独立完整和在世界上的文化主权已经成为我们当前的一大紧迫任务。

中国软实力的提升，有赖于社会主义文化建设采取积极的发展战略举措。首先，以社会主义核心价值体系领当前文化建设。社会主义核心价值体系是文化全球化时代中国进行文化建设的指导思想和精神旗帜。改革开放以来，我国国内社会思想日益复杂多变，国际上世界各种思潮相互涤荡，在这种情形下，只有保证指导思想的正确性，才能保证社会主义现代化建设的正确方向，也才能提升国家文化软实力。其次，适时调整国家发展战略。在我国现代化的进程中，实现文化、经济和政治的协调发展是我们制定文化发展战略的总出发点。改革开放初期，我国文化发展战略的重点放在经济上，文化建设跟在经济建设后面，为经济建设服务，这是中国现代化必经的一个阶段。但当经济现代化发展到一定阶段，就要适时调整这种战略，否则必然会制约我国现代化的持续发展，所以中国共产党从20世纪末就不断强调实现物质文明与精神文明的协调发展。党的十七大报告指出："当今世界，文化越来越成为民族凝聚力和创新力的重要源泉，越来越成为综合国力竞争的重要因素。""要坚持社会主义先进文化方向，兴起社会主义文化建设新高潮，激活全民族文化创造活力，提高国家文化软实力。"❶ 这次报告深刻指明了当前社会主义文化建设的目的就是要提升国家文化软实力。由此可见，适时调整国家战略发展目标，是国家发展的需要，也是时代的需要。最后，复兴和繁荣中华民族传统文化。中国传统文化历史悠久、博大精深，蕴含着许多富有生命力的精华，这些精华成为中华民族向前发展的不竭动力，铸就了中华民族认同的文化行为、文化心理、

---

❶ 胡锦涛. 高举中国特色社会主义伟大旗帜 为夺取全面建设小康社会新胜利而奋斗——在中国共产党第十七次全国代表大会上的报告［M］. 北京：人民出版社，2007：33.

文化意识和思维方式。由此可知,"民族国家的概念并非只是一种地理概念,而首先是一种心理概念。换言之,民族国家生存的基石在于拥有自主性的文化,而维护民族国家生存的命脉,从根本上说就存在于对这种文化的认同之中"❶。从本质上讲,文化认同体现一个民族国家的文化身份,它是一种思想理念的同一,其现实力量主要表现在对本民族文化的珍视及对本民族文化壮大的需求上。可见,在文化全球化时代,全民族共同的文化认同观念的形成有利于中华民族文化的强大和民族凝聚力的增强,这也是我国文化软实力提升的前提。

在文化全球化时代,我国软实力的提升比以往任何时候都更为紧迫。只有加强社会主义文化建设,发展既符合时代要求又适合中国现实国情的现代文化,我们才能不断扩大中华文明的影响力,在世界舞台上发挥更大的作用,这是提升国家软实力的根本之道,也是中华民族文化壮大的唯一道路。当然国家软实力的提升不仅仅只是依靠文化的力量。但软实力主要产生于我们的价值观,这些价值观又主要通过我们的文化表现出来。随着文化全球化进程的继续深入和政治多极化的曲折发展,人类面临的社会问题更加复杂,软实力特别是文化软实力的因素将会发挥更加重要的作用。

(3) 文化建设在中国和平崛起中的巨大作用

中国"和平崛起"这一论题由中共中央党校原常务副校长、中国改革开放论坛理事长郑必坚首次提出。2003年11月3日,郑必坚在博鳌亚洲论坛上发表的演讲中说:当今时代,"我们的抉择只能是:和平地崛起。就是说,争取和平的国际环境来发展自己,又以自身的发展来维护世界和平。"❷ 2004年3月14日,温家宝总理在十届人大二次会议的记者招待会上,详细阐述了中国和平崛起的五

---

❶ 张杰. 文化自觉、文化战争、文化立国 [J]. 南京社会科学, 2008 (02).
❷ http://news.sina.com.cn/c/2003-11-24/12541176473s.shtml.

大要义。

从以上国家领导人的一系列重要讲话可以看出,"和平崛起"是党和国家的重要战略决策,是中国在积极参与全球化进程的同时,形成的独立自主地建设中国特色社会主义并不断壮大国力的发展理念。在中国走向强盛的发展道路上,和平崛起既是当代中国对自身角色和未来形象的定位,也是中国对世界的郑重承诺。

"和平崛起"究竟是什么含义?温家宝同志对此做了详细的回答,他说:"中国和平崛起的要义是:第一,中国的崛起就是要充分利用世界和平的大好时机,努力发展和壮大自己。同时又以自己的发展,维护世界和平。第二,中国的崛起应把基点主要放在自己的力量上,独立自主、自力更生,依靠广阔的国内市场、充足的劳动力资源和雄厚的资金积累以及改革带来的机制创新。第三,中国的崛起离不开世界。中国必须坚持对外开放的政策,在平等互利的基础上,同世界一切友好国家发展经贸关系。第四,中国的崛起需要很长的时间,恐怕要多少代人的努力奋斗。第五,中国的崛起不会妨碍任何人,也不会威胁任何人。中国现在不称霸,将来即使强大了也永远不会称霸。"[1] 由此可见,中国的和平崛起就是要利用一切可利用的战略资源来着力营造中国发展壮大的国际和平环境,并通过和平的方式走中华民族的崛起之路。"崛起"是我们的梦想,也是我们的目标,"和平"是我们的手段,也是我们的目的,中国要用"和平"的方法实现崛起的梦想并以此来实现维护世界和平、促进共同发展的战略目标。中国的崛起必将为世界的"和平与发展"做出巨大的贡献,这也是中国崛起的目的。

中国的和平崛起需要综合国力的全面提升,综合国力既包括经济、军事和科技等硬实力,也包括文化、政治价值观等软实力。在

---

[1] http://www.Xinhuanet.com, 2004-03-14.

和平与发展成为世界主题的当代，政治斗争一改传统方式，呈现出政治与文化高度交融的趋势。任何国家和地区的发展壮大都不可能再走资本主义发展初期殖民掠夺式的老路子，必须和平崛起，和平崛起应该是包括文化在内的全面崛起。那么，在影响国家崛起的诸多因素中，文化究竟起多大的作用呢？哈佛大学教授戴维·兰德斯说："如果我们从经济发展中弄懂什么，那就是几乎一切差异的根源都在于文化。"❶ 日本学者界屋太一说："任何政权，只有两种情况会使它发生毁灭性的大变革。那就是丧失维持治安的能力和人们不再信任支撑它的文化。"❷ 哈佛大学教授塞缪尔·亨廷顿的"文明冲突论"一经提出，举世哗然，他认为，文化是支配后冷战时代国际政治的主要力量。撇开这些理论是否偏激不谈，就他们从突出文化作用的高度来回顾历史、探寻规律、放眼未来、争取主动而言，这些理论对当代国际政治现实还是具有相当强的解释力的。

中国和平崛起与文化建设密切相关，中国的和平崛起也应该是包括文化在内的全面崛起。加强文化建设对中国的和平崛起有着巨大作用：

第一，增强国家认同感和民族凝聚力。文化的整体性和统一性是维持国家或民族发展生存的重要前提。在当今文化全球化的大背景下，世界上普遍出现了认同危机，不少人特别是年青一代的国家认同感和民族凝聚力下降。当前，无论国际国内社会对未来中国的发展关注更多的是政治价值的认同、民族文化的凝聚等因素。对此，新的中央领导集体确立了以人为本的执政和发展理念，但这种理念要化为行动，没有良好社会文化氛围的积极营造，是不会成功的。

---

❶ 亚历山大·斯蒂尔. 国家富不富文化最重要［J］. 国外社会科学文摘，2001(04).

❷ 盛邦和，何爱国. 盛世危言：2010 年前后中国社会最大的风险可能是什么？http：//www.confucius2000.com.

苏联解体的一个重要原因,是思想信仰的危机、理论队伍建设危机及社会思潮和大众传媒的西化。因此,我们必须高度重视这方面的建设。

第二,增强综合国力。综合国力是一个国家生存和发展所拥有的全部实力,它是衡量一个国家强弱和国际影响力的综合标志。党的十五大报告指出:"有中国特色的社会主义文化,是凝聚和激励全国各族人民的重要力量,是综合国力的重要标志。社会主义现代化应该有繁荣的经济,也应该有繁荣的文化。"❶ 文化是综合国力的一部分,与综合国力的其他组成部分相比,文化的综合性很强,具有引导、激励、整合等多种功能,是推动国家发展的强大动力。在文化全球化的今天,虽然经济是综合国力的基础,但商品中的文化附加值和科技文化含量越来越高,社会发展中的人文指标和企业文化建设越来越受到人们的重视。由此可见,文化在综合国力的地位越来越高,影响越来越大。

第三,塑造和展现良好的国家形象,营造有利的国际环境。良好的国际形象的塑造,主要靠对外交往行为来打造。一个国家的优秀文化,是该国对国际社会最具感召力和吸引力的地方。因此,重视提升对外交往中的文化含量,对于塑造我国良好的国际形象是十分关键的。我国正在建设的文化是有中国特色的社会主义先进文化,这种先进文化不仅有强大的内聚力,而且还有强大的外向辐射力,能够为中国在国际社会赢得实力和名声。但截至目前,我国在文化建设上还没有夺取文化优势这块高地,要想在世界上树立良好的国际形象,我们还有很长的路要走。在当今全球化的大背景下,受文化传统、社会制度和实力消长等因素的影响,中国文化崛起的道路注定不会平坦,我们会面临诸多怀疑、冷漠、歧视乃至拒绝和围攻。

---

❶ 江泽民. 高举邓小平理论伟大旗帜,把有中国特色社会主义事业全面推向二十一世纪[N]. 人民日报,1997-09-22.

如何让世界正确认识中国而非误读，如何为中国的和平崛起营造更有利的国际环境，是当今我们文化建设必须重点解决的问题。

总之，崛起不仅意味着经济、政治、军事等方面的强大，还应该包括文化上的强盛，得"道"成"势"，以势服人。文化建设在中国和平崛起中作用是巨大的，因此，加强文化建设是我们的当务之急。

2. 文化自信与中华民族伟大复兴

"文化自信"与原有的三个自信并列，形成"四个自信"的理论，是以习近平同志为核心的党中央治国理政的最新成果，是我党对马克思主义理论体系中的科学社会主义理论的重大创新和发展。"四个自信"的提出，对于正行进在伟大复兴道路上的中华民族而言意义重大。

（1）文化自信的提出是要呼唤和找回中华民族丢失的民族自信

中国的文化自信问题可谓由来已久。明朝中期以前，中华文化是世界上最发达的文化。无论是商周、春秋战国、汉代、盛唐还是两宋，其高度发达的文化，都成为当时世界文化史上的辉煌篇章。当时的中华民族以自信的民族精神屹立于世界的东方。中华民族的这种文化优势地位一直保持到近代。所以，可以说，近代以前的中国，是从来不存在文化自信问题的。

中华民族文化自信的危机始自近代。自1840年西方列强用枪炮子弹轰开了中国的大门后，天朝美梦被彻底轰碎，中华民族也从此开启了被西方列强入侵的中国近代历史，我们也由文化优越，一下子步入了文化焦虑。中国人在落后就要挨打的惨痛反思中开始了崇尚美化西方文化的心态和向西方学习的历程。在这种面临国运危难、民族生死存亡危机的境况下，中华民族逐渐出现了文化自卑和对传统文化的自暴自弃，民族自信心开始丧失，文化危机开始出现。这种文化危机曾让中华民族一度几乎丧失自我。不过，从1840年的鸦片战争到1894年甲午战争之前,中华文化对于西方文化采取的还是"中学为体西学为用"的策略,我们的文化主体性并未丧失。但随后甲午战争的惨败在造成更大民族危机的同时也产生了更强烈的文化焦虑。无论是1905年废除在中国持续了1300年的科举制度,还是引进西式教育制度;无论是"以日为师""以俄为师"还是"以西方为师"等的背后,均反映了当时我们对自己文化的不自信。强烈的文化不自信必然会产生一些文化激进行为。例如,吴稚晖甚至提出把线装书扔到茅厕里,胡适等人提出了要"打倒孔家店",钱玄同要求废除中文等。从这些激进的文化行为背后我们可以感到,那个年代是中国文化自信危机的一个典型年代,当时我们已经失去了对待中国文化的平常心。

然而,值得庆幸的是,我们在犹豫、徘徊、彷徨、痛苦和失望中遇到了马克思列宁主义。中国优秀传统文化一遇到马克思主义,便复活了。

新中国成立之时,中国人终于开始找回了文化自信。当时,我们的伟大领袖毛泽东主席站在天安门城楼上向全世界庄严宣布:中华人民共和国成立了,中国人民从此站起来了!我们被人认为不文明的时代将成为历史,中华民族将会以一个具有高度文化的民族屹立于世界的东方。

1978年改革开放新时期以来,我们的国家日新月异,我们对传统文化的自信也日益回潮,80年代以来,学术理论界开始总结或关注"中国模式"的概念和理论,尽管这种探讨还存在一定的争议,但问题本身已经映射出了中国的自信正在恢复的信息。

当然,我们也应当看到,改革开放之后中国文化自信的回归只是总体上的主流心态,我们对于中西方文化的关系并非只有一种立场,文化自卑、文化不自信也仍有很大的"思想市场",并由此不断带来文化的激荡现象。因为,虽然我们国家在大踏步前进,但开放的大门打开之后,我们不能不承认,处于前期工业化阶段的中国社会,与正进入后工业社会的欧美国家,难免具有一定的反差。但一些国人不联系历史实际,不正视现实,一味地崇洋媚外。其实,其基本的观念仍然是"中国文化是落后文化"的浅陋认知在作祟,其根本原因还是文化自信的缺失。抛开其政治意图不说,这种不自信在很大程度上成为消解中国文化自信心的"负能量",在潜移默化地侵蚀着中国的文化自信。当今,我们强调文化自信,就是为了清除我们历史上长期遗留下来的文化自卑现象,彻底解除文化不自信的"负能量",吹响实现中华民族伟大复兴的精神号角。

(2)文化自信的提出是对科学社会主义基本观点的丰富和发展

马克思主义是由三大部分组成的理论体系,它具体包括科学社会主义、马克思主义政治经济学和马克思主义哲学三个部分,这三者之间是一个有机联系的体系。其中,科学社会主义是这一理论体系的核心,它以研究无产阶级解放事业的历史条件以及这一事业本身的性质为目的和任务,探索了无产阶级彻底解放的规律。按照马克思主义关于科学社会主义理论的基本观点,科学社会主义应该是理论、运动和制度的统一。因此,以此为据,长久以来,我党对中国特色社会主义理论体系的认识也一直囿于道路、理论和制度这三者的统一之上。在2011年庆祝中国共产党成立90周年大会上,胡锦涛同志第一次从道路、理论和制度三个方面,对中国特色社会主义的科学内涵进行了系统阐释和概括。2012年,我党又首次在党的十八大报告中提出了道路自信、理论自信及制度自信这三个自信。从"三者统一"到"三个自信",是我党对中国特色社会主义在认识上的重大飞跃,同时,也反映了我党对中国特色社会主义坚定的自信。

马克思主义理论是与时俱进的科学理论。在中国社会不断前进发展的过程中,我党对中国特色社会主义的认识也在进一步深化。

2016年6月28日，结合时代发展的需求，习近平总书记提出了"四个自信"，这也是我党第一次明确提出"四个自信"。"四个自信"的提出，反映了我党对马克思主义科学社会主义内涵认识的重要突破。由一直以来的"三者统一"理论到现今"四位一体"格局，是对马克思主义理论的新发展，这一理论体系，超越了我党长期以来对科学社会主义内涵认识上的传统思维定式，进一步完善了中国特色的社会主义理论，是马克思主义中国化的新理论成果。也是我党对科学社会主义理论的丰富与发展。

（3）文化自信的提出是实现中华民族伟大复兴的必然要求

中华民族的伟大复兴，绝不是仅仅指经济上的复兴，更重要的是中华文化的伟大复兴。

我们的改革开放创造了中国奇迹，我国经济总量已经跃居世界第二，硬实力增长举世公认。随着中国经济的腾飞，我国当今在世界舞台上的影响力与日俱增。然而，当今我国文化软实力明显不足，与我国经济大国的地位不相匹配。例如，当前，我国文化在世界文化市场份额中仅占4%，相比美国占43%，欧盟占34%而言，我们与发达国家的差距还很大。中国现在在一些国家眼中还只是一个有着巨大商机可以淘金的市场，他们对中国的认识可能还停留在中国是文明古国的程度，更不要说去了解中华文化的强大魅力了。再如，我国文化产业在国内生产总值中所占的比例只有4%，而西方发达国家平均在10%左右，美国则已经达到25%。事实告诉我们，在中华民族走向伟大复兴的关键时刻，坚定文化自信，提升文化软实力势在必行。习总书记强调，历史事实证明，中国人的自信从来都不是来源于硬实力，而是来源于文化软实力。

历史经验反复证明，一个国家的强大不仅要有经济、科技、军事等硬实力的支撑，更要有深层次的软实力。如果一个国家的文化软实力不行，这个国家可能不打就自败了。1894年的甲午中日战争给我们留下的教训深刻,历史资料显示,甲午战争时,我国当时的 GDP 是日本的 12 倍还要多,但最后却惨败于日本。思考研究后我们发现,当时我们文化精神风貌与日本相差太大了,那个时期的日本民族开放力度远超于中国,他们通过明治维新全面向西方学习,整个民族精神激昂向上。而当时的很多清朝官员却躲在家里抽大烟搞权力腐败!经验和事实清楚地表明,仅仅经济强大不会让一个国家成为世界强国。如果一个国家把发展的眼光只放在经济发展这个唯一的目标上,那这个国家是不会有未来的。甲午战争就是我们今天反思现实的一面镜子。一个充满生机活力、繁荣富强的民族,一定是一个文化繁荣昌盛的民族。经济军事等硬实力能让一个国家变得强大,而文化软实力则会让一个国家变得伟大。

中华优秀文化是我们民族和国家生命的体现,也是中国人走向世界的基因身份证。一个国家和民族否定自己的文化就等于在否定自己的生命。只有充分坚定对自己民族优秀文化的信心,才会为国家的发展提供强大的思想保障和精神动力。因此,中华民族在实现伟大复兴的道路上,不仅要重视硬实力,还要高度重视以民族精神重建为标志的文化的吸引力和感召力。中华民族的复兴一定伴随着中华文化的不断发展进步,只有物质文明和精神文明共同发展、相互促进,中华民族伟大复兴的中国梦才能真正实现。

二、新时代中国特色社会主义文化自信提出的时代背景

理论是实践的产物,思想是时代召唤的产物。自党的十八大以来,为什么以习近平总书记为核心的党中央能够提出"文化自信"这样的命题?为什么要提出"文化自信"这样的命题?毫无疑问,这是形势变化的客观要求,是实践发展的现实需要,是我们这个时代发展的迫切需要。为了更深入、全面、清晰地把握这一思想的实质和精髓,我们必须从世界局势、历史演变与时代潮流的大视野中

去领悟、去思考。

(一) 命题提出的国际背景

从世界局势来看，对于近代以来的中国来说，文化自信，主要是针对西方文化领导权的压力和挑战而产生的文化自觉。当今世界，和平与发展虽然是时代主题，但世界并不安宁，西方霸权主义、强权政治和新干涉主义继续上升，意识形态领域斗争十分激烈，对我们的思想认识造成了严重干扰。

冷战结束后，世界格局发生重大变化，西方国家特别是美国逐步认识到：要想称霸世界，再使用传统的经济和军事手段已经过时，而谋求文化上的霸权，把文化作为称霸世界的重要战略手段，达到"不战而屈人之兵"的目的，则不失为一项称霸世界的良策。所以，积极地在全球范围内实施文化霸权战略成了冷战结束后美国等西方国家对外关系的重要特征。在当今的西方国家中，美国在军事、经济等方面的实力遥遥领先于其他国家，正是这些综合实力和物质基础，使其内在的扩张欲急剧膨胀，这种日益膨胀的扩张欲促使美国肆无忌惮地把自己的文化理念、价值观念等传播或强加给其他的民族和国家，在全球范围不遗余力地推行其文化霸权。因此，在国际上，我们的文化危机主要是来自以美国为首的文化霸权。

北京奥运火炬接力境外第五站的传递于2008年4月7日在法国巴黎举行。然而在圣火传递的过程中，有"藏独分子"冲破警戒线去抢夺中国残疾运动员金晶手中的火炬，火炬在暴力阻挠下，被迫四次熄灭；与此同时，在巴黎市政厅的建筑物上，巴黎政府官员也悬挂出了他们早就准备好攻击中国人权的横幅和标语。最后，中国奥委会决定将圣火关闭，所有中国人登上大轿车，取消了原定在市政厅前举行的庆祝仪式，离开了火炬传递现场。

第二天，《费加罗报》的头版头条标题为《火炬在巴黎惨败》，而《解放报》的头版头条干脆以《给中国一记耳光》为题,用一种近乎幸灾乐祸的口吻描述中国的"溃败",字里行间似乎有一种近乎歇斯底里般的狂喜。

这便是在全球化的时代发生的一个国家企图危害另一个国家安全的事件。它没有像第二次鸦片战争那样派军舰去攻打我国,而是在自由、民主、人权的口号下,采取一种"攻心为上,攻城为下"的战术,他们利用的就是文化这种软力量。由此可见,在全球化时代,侵略的形式已经发生了改变,文化"软战争"已经变成了一个不得不重视的问题。

以美国为首的西方国家调整战略,积极推行文化扩张,他们把推行文化霸权作为其实现根本利益的一种重要手段,企图把所有非西方文化都纳入自己的文化体系之中。马克思、恩格斯当年曾指出:"迫使一切民族——如果它们不想灭亡的话——采用资产阶级的生产方式;它迫使它们在自己那里推行所谓的文明,即变成资产者。一句话,它按照自己的面貌为自己创造出一个世界。"❶

西方超级大国推行其文化霸权的基础是他们强大的经济、政治和军事实力。凭借这些实力,这些国家把他们的触角伸向了世界的各个角落,他们根本无视其他民族文化独特的信条和价值,将西方文化等同于人类文化,赋予西方文化以放之四海而皆准的普适性,将全球化等同于西方化,不惜一切代价地推行其对外文化扩张政策。他们对外文化战略手段是多种多样的。首先,通过制定和实施有目的、有计划的文化战略来实现对外政策目标。美国等西方国家一直将文化权力作为实现其国家利益的重要工具。早在第二次世界大战末期,美国在其制定的对外文化关系纲要中就认为,"美国的文化思想和文化概念,包括它的所有弱点和缺陷,都必须成为战后秩序的

---

❶ 马克思恩格斯选集:第1卷[M].北京:人民出版社,1972:276.

基础""战后世界将要求美国在文化上,如同在政治和经济上一样,在全世界担负起领导责任"❶。冷战期间,杜勒斯指出:西方国家要同社会主义国家"进行一场思想战"。美国政府也认为,"若要在这场冷战中赢得胜利,除了武器和金钱外,还需要思想输出",需要"美国的文化外交"❷。1950年,美国"国家安全委员会"还批准通过了NSC 68号文件,把宣传工作与军事、经济、资源并列为"安全政策"的重要组成部分。其次,西方超级大国凭借其雄厚的经济实力,在文化宣传方面投入的人力、物力、财力的数额是惊人的。早在冷战时期,美国政府在文化宣传方面的投资每年就已高达数十亿美元。美国的许多大财团还创建了数以万计的形形色色的基金会,广泛引进吸收来自第三世界国家和社会主义国家的高层次人才到美国接受西方式的教育,并将培养的重点放在青年人身上,以加深他们对美国民主制度的认识为根本目的。再次,充分利用各种先进传播媒体,规模宏大、方式多样、无孔不入,其方式主要有:对外广播、电影和电视宣传、新闻和图书出版、体育和艺术交流、卫生与科技合作等。美国是当今世界上传媒最发达的国家,其媒体覆盖全球,它用100多种文字向全世界的100多个国家和地区昼夜发布新闻;独家全球性的新闻电视节目巨头CNN就在美国;美国之音对世界影响之大尽人皆知;在世界文化市场中,美国的文化产品所占的份额居全球第一。美国著名电影导演达利尔·柴纳尔称好莱坞电影是"铁盒里的大使",他说得很露骨,"这些圆盒子里装有卷得很紧的一卷卷印着美国电影制片者思想、想象和创作才能的走遍世界的影片。我相信,美国影片是对共产主义最有效的摧毁力量。"❸ 综上

---

❶ [美]弗兰克·柯维奇. 美国对外文化关系的历史轨迹[J]. 编译参考,1991(08).

❷ 刘永涛. 文化与外交:战后美国对外文化战略透视[J]. 复旦学报,2001(03).

❸ 柳静. 西方对外战略策略资料:第1辑[M]. 北京:当代中国出版社,1992:29.

可以看出，所有这些传媒都承载着美国的价值观念、文化信仰和思维方式，其在向世界各地传播的过程中，使别国人民有意或无意地认同和接受着美国文化，给其他民族国家带来了文化危机和民族危机，致使其他民族国家的民众对本民族的文化及其价值观发生怀疑和动摇，这对各国的文化安全造成了直接的威胁。事实上，这同帝国主义用武力征服别国的本质是一样的，同属殖民主义的"入侵"行为。某些西方学者一针见血地指出："一件有利于理解文化全球化性质的新奇事物，即资本主义卖的不仅仅是商品和货物，它还卖标识、声音、图像、软件和联系。这不仅仅将房间塞满，而且还统治着想象领域，占据着交流空间。"❶

在当今全球化的进程中，西方超级大国的文化扩张和侵蚀，不仅影响了其他民族国家经济文化的发展，而且也直接关系到了其他民族国家的生存。马来西亚领导人说，全球化会使人们接触到各种不同的文化，"但它也导致西方文化中最肮脏、最无价值、最颓废的东西在非西方社会泛滥成灾，使本土文化岌岌可危。一些国家的本土文化很有可能消亡，或被西方文化取而代之。"❷对中华民族的文化而言，这种扩张和侵蚀还直接地冲击着我国文化的社会主义性质，冲击着我们的文化自信。苏联解体后，我国成为少数社会主义国家的代表，以美国为首的西方资本主义国家将和平演变的锋芒直接转向中国和其他几个社会主义国家。他们打着自由、民主、人权等招牌，企图利用文化等因素对我们发动"无硝烟的战争"，"终结"世界社会主义的进程，这无疑对我国的社会主义文化造成了一定的震荡冲击，对此，我们应该保持清醒的认识，识破超级大国的文化阴谋。

---

❶ 阿兰·伯努瓦. 面向全球化 [M]. 王列, 杨雪冬. 全球化与世界. 北京：中央编译出版社, 1998：10.

❷ 巴达维. 全球化的风险及前景 [N]. 参考消息, 2000 – 06 – 26.

西方国家试图用他们的价值观念来改变世界的主张由来已久，但在今天，他们的方式更隐蔽，采用了更多的新形式。现在，他们文化扩张的花样不断翻新。比如，除了使用电影书籍广播商品等手段外，还以教育和学术交流为掩饰，向我国高层学者、高层知识分子等社会精英进行价值观渗透。西方敌对势力通过名目众多的基金会，拉拢和利用我国高层社科研究人员和知识分子，意在培养从内部瓦解社会主义的"文化基因"，通过他们的辐射作用传播西方的文化价值观，影响社会大众。例如，他们组织了职业写手编撰成千上万的文章和段子，通过网络平台在中国社会广泛传播，如《经不起推敲的邱少云》《内蒙古丢失是共产党和苏联秘密契约所造成》等。以美国为首的西方敌对势力始终在用各种手段造谣煽动，蛊惑人心。而少数党员干部对西方和平演变的图谋丧失应有警惕，不明是非，向往西方价值观，动摇共产主义理想信念。

为此，可以看出，当今，西方文化霸权在加强对我国文化渗透时，更加注重运用巧实力、软实力发动"软战争"。正如西方传播学者曾公开发表的言论：西方世界寻求瓦解共产主义的方法，花费了亿万美元和近半个世纪的时间，却发现答案在电视新闻里。文化之战、文化竞争是和平年代没有硝烟但也是更为残酷的战场。对一个国家来说，在不同文明形态的冲突中，如何保有价值自信，而不是处于失落困惑的状态，更好地实现价值重构，文化自信在其中将发挥重要角色。

（二）命题提出的国内背景

改革开放40多年来，中国创造了震惊世界的"中国奇迹"，大踏步赶上了时代潮流，实现历史性跨越。但是我们也应该看到，中国现代化的推进，是在改革开放40多年中走过了西方国家几百年所走过的道路，在取得成绩的同时，也将长时段的各种矛盾压缩在短时间里集中暴露显现。比如，教育、医疗、住房、拆迁、征地等问题突出，贫富差距拉大、社会资源和收入分配不公、环境污染严重等。再如，社会风气不正、思想道德滑坡等。在现实社会中，一些不法分子靠非法手段暴富，有的还当上了人大代表或政协委员；一些公职人员靠行贿当官，靠贪污受贿发财，边腐边升。这些现象与社会主义共同富裕本质、与党的为人民服务宗旨、与社会主义核心价值观倡导的公平正义诚信等原则完全背离。许多党员干部看在眼里，感情受到严重挫伤，心理上受到极大冲击，从愤懑到无奈，从困惑到彷徨，从怀疑到失望，有些党员干部因此对党和政府失去信任，对共产主义理想失去信仰。有人借此否定马克思主义指导地位，否定中国共产党的领导，否定中国特色社会主义道路。

不仅如此，随着社会环境和现实条件的深刻变化，人们的价值观念多元多样多变，各种社会思潮此起彼伏，冲击主流意识形态，侵蚀人民群众的思想认知。当今全球化的大背景为西方资本主义国家对我国进行意识形态渗透提供了极其便利的途径。首先，现代高科技和信息网传播技术的发展，使全球的信息共享和咨询交流变得快捷又方便，这同时也为西方资本主义国家的文化渗透创造了条件。西方国家借助互联网这一超时空的、立体的和全方位的信息传输方式，使他们的文化轻而易举地传入中国；以各种诱人的广告将其生活方式、消费观念和价值取向传入我国；用"慈善""援助""对话"等方式将其意识形态灌输给我国等。其次，改革开放之后，由于我国实施全方位的对外开放政策，西方文化以前所未有的规模大量传入了中国。对于外来文化，我们一贯是取其精华，去其糟粕，但是，发达国家在向我们输出资本和高新技术的同时，也输出了他们的社会制度、价值观念等意识形态，这无疑会对人们价值观、人生观产生一定的影响，而这一切往往又是在人们的无意识中进行的。即使是那些不是直接进行意识形态灌输的文化产品和商品，也会使人们在享用和消费的过程中，不知不觉地形成一种对西方文化的羡慕与追求，进而形成一种对西方文化的认同。西方国家的"和平演变"战略在我国已经造成了一定的影响：民族虚无主义滋生；民族自豪感、自信心丧失；享乐主义、拜金主义和极端个人主义出现；对社会主义信念的动摇……如何践行社会主义核心价值观、树立社会正气，如何解疑释惑、凝聚社会共识，如何处理好一元与多元的关系、引领社会思潮，如何激浊扬清、正本清源，所有这些都亟须大力加强思想道德建设和加大文化自信构建的力度。

（三）命题提出的中国近代历史的背景

中国的文化自信问题，或者说文化不自信问题，可谓由来已久。

明以前的中国，曾是世界上经济、文化都非常发达的国家。商周、春秋、汉代、盛唐、两宋高度发达的文化，都是世界文化史上的辉煌篇章。那时的中华民族自信满满。因此，中国近代以前，从来不存在文化不自信问题。

中国文化自信的危机始自近代。中国只是在近代面临民族存亡危机时才出现所谓真正的文化危机，其重要表现是民族自信心的丧失，是文化自卑和对传统文化的自暴自弃。1840年，西方列强以枪炮轰开了中国的大门，也轰碎了天朝大国的美梦，开启了西方列强入侵的中国近代史。在谢晋执导的电影《鸦片战争》中，在影片接近尾声时，道光皇帝带着他的一大堆子子孙孙，跪在祖宗牌位前痛哭流涕，觉得对不起祖宗，这就是由文化优越一下子跌入低谷而产生的文化焦虑。

挫折、失败、焦虑、救亡，变成了文化的主体。不过，从1840年的鸦片战争到1894年甲午战争之前，"中学为体西学为用"是中华文化对于外来西方文化的基本应对策略，文化主体性未丧失。

甲午战争的失败不仅意味着近半个世纪的洋务运动失败，而且意味着中国文化自主性的丧失。"甲午战争"败得一塌糊涂,我们海洋水师资金的投入跟日本的海军投入资金基本相等,但是他们的投入得到的回报是正数,我们得到的回报是负数,数量巨大,赔2.3亿两的白银,还割让了很多的地方。

甲午海战的失败震惊了朝野,并由此造成了更大的民族危机。此后,不管是康梁维新变法所意图的政体改良,还是孙中山先生领导的政治革命,不管是延续数千年的科举制度的废除,还是西式教育制度的引进,不管是"以日为师""以俄为师"还是"以西方为师"的背后,均反映了中国文化主体性的危机。尤其值得一提的是,1905年取消了持续了1300多年的科举考试。

强烈的文化焦虑,必然会进而选择文化激进主义。文化激进主义就是把已有的文化成果视为"毒药",统统遗弃。这种危机演变至1919年的新文化运动。虽然后来因"救亡压倒启蒙"而使新文化运动落潮,但那个年代也是中国文化自信危机的一个典型年代。

在这一历史过程中,中国人经历了犹豫、徘徊、彷徨、痛苦和失望。可以说,每一次民族危机都加剧了人们对自身文化的怀疑和否定;而学习资本主义、学习西方,老师又总是打击学生,又使中国人感到痛苦和失望。这种精神文化上的被动状态,直到马克思列宁主义传入中国、中国共产党诞生才得到根本扭转和改变。中国优秀传统文化一遇到马克思主义,便复活了,被赋予了新的生命和意义。

中国人找回文化自信,始于中华人民共和国成立之时,毛泽东同志在天安门城楼上宣布:"随着经济建设的高潮的到来,不可避免地将要出现一个文化建设的高潮。中国人被人认为不文明的时代已经过去了,我们将以一个具有高度文化的民族出现于世界。"

进入改革开放新时期之后,中国人对传统文化的自信终于回潮,从20世纪70年代末开始大规模经济实践,到90年代起持续快速增长，先是幸运地渡过了 1997 年的亚洲金融危机，然后又在 2008 年全球金融危机和经济衰退中保持相对稳定。近些年，经济总量先后超越法、英、德、日，当年中西经济水平的强烈反差，已极大地缩小。以经济实力为支撑，从 20 世纪 80 年代到 21 世纪初，也不过 20 年左右时间。

在长时间经济成长的经验基础上，中国社会的文化自信开始逐步恢复。

当然，改革开放之后国人对于中华传统文化及其与西方文化的关系并非只有一种立场。中国文化自信的回归虽然是总体上的主流心态，但是文化自卑主义情结与放弃中国文化主体性的主张也有很大的"思想市场"，并由此形成了一波波的文化激荡现象。因为，敞开国门后，处于前期工业化阶段的中国社会，特别是其日常民生的清贫简朴，与正进入后工业社会的美日欧国家，的确反差强烈。一些"西化派"对中国人能按自己的文化思维解决好自己的问题、实现社会发展不抱希望，这根本上还是文化自信缺失的表现。近代以来，对中国文化不自信的多数论调，都有一个"西方中心主义"的本质，其心理形成的长远诱因就是近代西方的强大和中国国力弱小在认知上的反映。概括而言，改革开放新时期以来，在中国文化自信强势回归的同时，还存在大量的以西方中心主义为意识形态基础的对中国自身文化不自信的现象，这种不自信在很大程度上又成为消解中国文化自信心的"负能量"。时至今日，以西方中心主义为基础的文化不自信在许多领域仍有明显的表现。

文化自信是国家强大的表现，而自信心的丧失是附着在民族心灵上的文化毒瘤。今天我们强调文化自信，正是为了彻底扫除中国长期落后于西方产生的民族自卑和文化自卑，吹响实现中华民族伟大复兴的精神号角。

第二章 新时代中国特色社会主义文化自信提出的时代价值与实践基础

一、新时代中国特色社会主义文化自信提出的时代价值

文化是民族的血脉和精神家园。正是在面对当今的国情、党情、世情这样一个大的历史背景下以及对曾经的历史经验和教训的深刻把握中，我们清醒地认识到，国家要走在时代前列、党要保持持久活力，中华民族要实现伟大复兴，必须提升和依靠文化软实力，充分发挥文化的重要作用，由此，习近平总书记提出了文化自信这一重大命题，高度强调了文化自信的时代价值。

（一）中华优秀传统文化是中华民族的根和魂

一个国家、一个民族越发展就越需要文化的精神家园。因为，从根本上说，文化是一个国家、一个民族生命的体现，如果哪个民族或国家否定自己的文化，那也等于否定自己的生命；文化是一个国家、一个民族区别于其他民族的"基因身份证"和根本保证，是一个国家、一个民族最宝贵的精神财富。

同样，中华民族区别于世界其他的标志正是五千年来的灿烂中华文化，而绝不仅仅体现在黄皮肤、黑头发、黑眼睛上。可以说，世界上还未形成一种超越民族的、全人类共同的文化。迄今为止，每一种文化都是具有民族性的，文化可以清楚地辨别出"你来自哪里"。韩国人、日本人、新加坡人虽然外表长得和我们一样，都是黄皮肤、黑头发、黑眼睛，可是因为我们彼此认同的文化不同，所以我们认定自己是中国人，他们认定自己是日本人、新加坡人。中国台湾人，正是因为他们认同的文化就是中国文化，所以说是中国人。可见，民族内部彼此认同的核心就是文化。因此，区分不同民族最核心的标志就是文化。一个国家、一个民族的文化存，则这个国家这个民族就存，一个国家、一个民族的文化亡，则这个国家这个民族就亡。

在中华民族的历史上，曾经有一个非常强大的民族——契丹民族，当时横亘在俄罗斯民族和我们的黄河流域中间。历史上的辽代就是契丹人建立起来的。这个民族当时文化非常发达且有自己独立的文字，但曾经那么强大的民族，今天为什么不见了呢？

契丹民族消失，既不是瘟疫造成的，也不是战争造成的，而是他们自己把自己消亡掉了——当时，在和周边民族相处时，契丹人不注意保存自己民族的文化。总是羡慕别的民族的文化，模仿照搬别的民族的文化，这样，一边学习别人的文化，一边丢掉自己的文化，日久天长，他们就把民族内部彼此认同的东西扔光了。再经过一个长的历史发展过程后，这个民族就丢光了本民族原有的文化，实际上就是消失了。契丹人就是在羡慕别的民族的文化过程中，逐步流失尽了自身的本位文化，他们的历史教训告诉我们，文化是民族的血脉和灵魂，是民族的根本。如果一个国家一个民族的文化被同化掉了，这个国家这个民族也就不复存在了。苏联解体就是典型的例证。虽然苏联的解体是多方面原因造成的，但最深层、最直接的原因，就是其文化价值观的迷失。

2014年12月20日，在庆祝澳门回归祖国15周年大会暨澳门特别行政区第四届政府就职典礼上，习近平总书记指出："中华优秀传统文化是中华民族的'根'和'魂'。5000余年连绵不断、博大精深的中华文化,积淀着中华民族最深层的精神追求,包含着中华民族最根本的精神基因,代表着中华民族独特的精神标志,是中华民族生生不息、发展壮大的丰厚滋养。"[1] 中华民族在几千年的历史发展进程中,之所以能连绵不断、生生不息,并长期领先于世,形成多民族稳定统一的政治局面,正是因为有中华优秀传统文化的滋养。在中国发展的历史上,中国优秀传统文化发挥了重要作用,今后,它对中华民族的伟大复兴仍然会发挥重要的价值。

(二) 中国特色社会主义植根于中华文化的沃土

习近平总书记强调,"中华优秀传统文化是中华民族的文化根脉,其蕴含的思想观念、人文精神、道德规范,不仅是我们中国人思想和精神的内核,对解决人类问题也有重要价值。"中华民族是一个历史悠久的文明古国,创造了独具特色的中华文化。独特的文化传统决定了我们必然选择适合自己的发展道路。习近平总书记指出,中国特色社会主义是在对中华民族五千多年悠久文明的传承中走出来的。可以说,我们党的理论、道路和制度形成、巩固和发展的重要源泉来自中华文化,中国特色社会主义植根于中华文化的沃土之中。这也是习近平总书记强调文化自信是"更基础、更广泛、更深厚的自信"的缘由。

一个国家治理体系的选择,受这个国家的经济、文化、历史传承等多种因素的影响,但文化居于重要地位。因为,文化传统一旦形成,就具持久性、稳定性、传承性和强大的渗透力,并且会反作用于经济和政治,进而影响社会发展方向。中西文化的差异,导致了中西方各自不同的价值观念,从而使中西方国家道路的选择和制

---

[1] 中央宣传部. 习近平总书记系列重要讲话读本 [M]. 北京:学习出版社、人民出版社,2016:201.

度建设各不相同。习近平总书记强调,一个国家选择的发展道路到底是否适合自己,最有发言权的就是这个国家的人民。习总书记强调我们要学习借鉴人类社会创造的一切文明成果,但是不能数典忘祖,绝不能照搬他国的发展模式。他曾经形象地做了一个比喻,他说,我们不可能要求世界上所有花朵都变成紫罗兰,同样,我们也不能要求不同的国家都采用同一种发展模式。中华民族创造出了灿烂的中华文化,也一定会够创造中华文化的新辉煌。中华民族独特的文化传统,注定了我们必然走适合中国特色的社会主义发展道路。中华文化源远流长,生生不息,独特的价值体系孕育出中华民族最深层的力量,这种力量是中国特色社会主义道路最为深厚的文化支撑。

习近平总书记说,中国特色的社会主义不是植根于西方文明的土壤,不是植根于经济发展的土壤,而是植根于中华文化的沃土。中华文化是中华民族代代相传自立于世界先进民族之林的精神根基。

(三)坚定文化自信是解决新时代我国社会主要矛盾的内在基础

中国特色社会主义进入了新时代,人民日益增长的美好生活需要和不平衡不充分的发展之间的矛盾变成了新的主要矛盾,这意味着人们的需求在更多层面上已经是要满足精神的需要,而不再是单纯的物质消费和需求。从这个角度来看,当前对"美好生活"需求的问题主要集中反映在人民对民主法治、生态环境、社会保障、文化发展等方面提出了更高的要求。而造成现阶段各种社会矛盾的主要根源是"不平衡不充分的发展状态"。"美好生活需要"具有明显的时代特征。改革开放以来,我国经济高速发展,生产力飞速提高。GDP对世界经济增长贡献率超过30%,已增长至80万亿元。新时代人民对物质文化需求得到满足的同时,对精神文化生活的需求与日俱增。文化需求作为美好生活需要的重要组成部分。据统计,在我国居民的总支出中，基本支出占比不到50%，而其他非基本生存的需要占绝大部分，这种情况下，对精神文化产品的需求和精神文化产品不能满足人民需求之间的矛盾会越来越凸显。因此，坚定文化自信，加快文化建设，进一步解放和发展文化生产力、推进文化领域供给侧结构性改革，切实保障人民基本文化权益迫在眉睫。

对于化解社会主要矛盾问题，解决精神需求和物质需求问题同样重要。首先，主要矛盾的解决要有雄厚的经济实力，这是解决社会主要矛盾的前提，只有生产力发达了，不平衡、不充分的问题解决了，国家富裕了，社会资源才能得到合理配置，社会结构失衡问题才能得以解决。马克思说："人们首先必须吃、喝、住、穿，然后才能从事政治、科学、艺术、宗教等等。"❶ 因此，物质资料的生产和消费是人类社会生活的首要活动。历史经验表明，社会矛盾会随一个国家国力的强盛而减少。其次，主要矛盾的解决离不开优秀文化的积极引领和强力支撑。文化是国家和民族之魂。没有文化的繁荣兴盛，就不会有国家和民族的兴旺发达。文化具有凝聚民心和增进民生福祉的重要功能，坚定文化自信，才能凝聚人心，为国家治理体系和治理能力现代化提供深厚强大的精神支撑，也才能有利于实现人民对美好生活的向往。

（四）文化自信是推动改革发展的强大精神力量

习近平总书记指出："实现中国梦，必须凝聚中国力量。空谈误国，实干兴邦。我们要用13亿中国人的智慧和力量，一代又一代中国人不懈努力，把我们的国家建设好，把我们的民族发展好。"❷ 中国特色社会主义的发展，中华民族的伟大复兴，中国梦的实现，需要我们有高度的文化自信，用中国精神激发中国力量。中国力量的

---

❶ 马克思恩格斯选集：第3卷［M］. 北京：人民出版社，2012：1002.
❷ 习近平. 习近平谈治国理政［M］. 北京：外文出版社，2014：57.

主体是广大人民群众,人民群众的磅礴伟力,推动着改革开放的进程,40多年来取得的光辉成就时时刻刻都与人民群众息息相关。中华优秀文化为中国人民提供了丰厚的精神文化食粮,文化自信契合了人民群众对美好生活的需要,得到了广大人民的衷心拥护,从而提供了凝聚中国力量的保障。正如习近平总书记所言:"实现中国梦,必须弘扬中国精神。用以爱国主义为核心的民族精神和以改革创新为核心的时代精神振奋起全民族的'精气神'。"❶

为什么文化自信能激发出精神的力量呢?这是因为人的行为是由思想支配的,而文化是人的思想集合,因此,文化必然具有引领社会的巨大作用。自鸦片战争以来,中国之所以能摆脱被剥削被压迫被奴役的命运,能自立于世界民族之林,实现社会的快速发展,先进文化的引领至关重要。在我国发展历史上,从五四新文化运动到新民主主义文化兴起,从真理标准问题大讨论到中国特色社会主义文化建设,每一次的文化觉醒都引领社会向更高水平发展。当前改革开放进入攻坚期,面对社会利益格局的深度调整、经济体制变革、社会结构变化等一系列重大问题,我们的任务复杂而艰巨。集中力量办大事是中国特色社会主义的优越性之一。对此,习近平总书记不失时机地提出了文化自信,文化自信将会转变为巨大的创造力和凝聚力,为团结全国各族人民的力量提供深厚的精神动力,给经济社会发展带来无限的精神支持,也会为发挥中国特色社会主义的优越性提供精神自信。

人民有信仰,人民有希望,国家才有力量。坚定文化自信,满足人民群众在精神文化生活方面的需要,让人民群众有更大的获得感、有更好的体验和更多的幸福感,从而在实现伟大梦想的历史进程中同心同德、众志成城向前进。

---

❶ 习近平. 习近平谈治国理政 [M]. 北京:外文出版社,2014:56.

（五）只有坚定文化自信才能最终实现中华民族的伟大复兴

中华民族的伟大复兴，不仅是经济上的兴盛，更重要的是中华文化的繁荣兴盛。早在党的八大上，毛泽东主席就指出："我们国内的主要矛盾，已是人民对于建立先进的工业国的要求同落后的农业国的现实之间的矛盾，已是人民对于经济文化迅速发展的需要同当前经济文化不能满足人民需要的状况之间的矛盾。"❶ 这一论断十分准确，因为它契合了当时中国的具体实际，符合人民愿望。但遗憾的是，由于后来在认识上出现了多次反复，导致这一论断对国家建设的指导未能达到预期效果。在党的十一届六中全会上，邓小平同志在分析基本国情、总结历史经验的基础上，明确指出：我国社会的主要矛盾"是人民日益增长的物质文化需要同落后的社会生产之间的矛盾"❷"我们要在建设高度物质文明的同时，提高全民的科学文化水平，发展高尚的丰富多彩的文化生活，建设高度的社会主义精神文明"❸。随着世情、党情、国情发生深刻变革，党的十九大对我国的社会主要矛盾做出了相应调整，即我国社会主要矛盾转变为"人民日益增长的美好生活需要和不平衡不充分的发展之间的矛盾"❹。这一变化，体现了人民对新时代精神文化生活方面的更高的发展要求。因此，习近平总书记指出："我们要继续锲而不舍、一以贯之抓好社会主义精神文明建设。"❺

---

❶ 中共中央办公厅. 中国共产党第八次全国代表大会文献［M］. 北京：人民出版社，1957：810.

❷ 中共中央党校教务部. 十一届三中全会以来党和国家重要文献选编［M］. 北京：中共中央党校出版社，2008：110-111.

❸ 邓小平文选：第2卷［M］. 北京：人民出版社，1994：208.

❹ 习近平. 决胜全面建成小康社会 夺取新时代中国特色社会主义伟大胜利——在中国共产党第十九次全国代表大会上的报告［M］. 北京：人民出版社，2017：11.

❺ 习近平. 习近平谈治国理政：第2卷［M］. 北京：外文出版社，2017：323.

一个民族的复兴不仅需要强大的物质力量,也需要强大的精神力量。没有文化的发展繁荣,一个国家不可能屹立于世界民族之林。历史上,中国文化是很自信的,尤其盛唐时,中国的GDP占到世界的五分之二左右,当时,中国的文化就是世界舞台的中心,世界各地都派遣大使来长安学习中国的文化。但遗憾的是,近代中国却衰落了,我们的文化也随之衰落。1894年,甲午战争爆发,当时中国的总GDP是日本的12倍还要多,但结果却惨败于日本。究其原因,当时两国的文化精神风貌明显不同。日本当时明治维新时期全面向西方学习,整个民族都昂扬向上,开放力度很大,而很多清朝官员当时躲在家里抽大烟,搞权力腐败。历史的前车之鉴告诉我们,一个国家如果仅有经济的发展,就不能真正成为综合的世界强国。这样的发展方式是没有未来的。甲午战争这一段屈辱历史应该成为我们今天反思现实的一面镜子。习近平总书记深刻指出:当高楼大厦在我国大地上遍地林立时,中华民族精神的大厦也应该巍然耸立。中国在实现民族复兴之路上,不仅要有以经济崛起为重要标志的硬实力,还要有道路、理论、制度的吸引力和感召力,特别是以民族精神重建为标志的文化的不断进步。经济军事等硬实力能让一个国家变得强大,而文化软实力则会让一个国家变得伟大。

中华民族伟大复兴需要中华文化发展繁荣。正如习近平总书记深刻指出:实现中国梦,是物质文明和精神文明均衡发展、相互促进的结果。没有文明的继承和发展,没有文化的弘扬和繁荣,就没有中国梦的实现。

二、新时代中国特色社会主义文化自信的实践基础

(一)数字技术和互联网

当今时代,数码技术的应用和互联网的普及,带来了文化领域

的重大革命，全球进入了一个以知识和文化资源为核心生产要素的"数字网络"新时代。这是一个不同于以往单由原子构成的物理空间的时代，而是一个由比特或数字或信息构成的比特时代、数字时代、信息时代。"数字化生存"已经是未来社会发展不可避免的趋势，从某种程度上说，借助数码技术和互联网，中国社会有可能实现跳跃式的高速发展，而文化作为对社会生活世界的折射，其发展也必将受到高科技领域带来的强烈冲击。因此，加快推动文化与科技的结合，抢占文化发展的制高点，是我们的文化真正强大起来的需要，与此同时，也是我们不断增加综合国力、赶超发达国家的需要。但是，我们也应该清楚，与发达国家相比，中国在科技方面，尤其是高科技方面的竞争力还相对较弱。因此，我们应当认清当前我国科技水平的现状，分析影响我国科技发展的主要因素并采取积极的对策，以便尽快提升我国的科技水平。

首先，要正视我国在数码技术和互联网方面的发展现状。近年来，我国在数字化发展上取得了较大的进步，在网络方面实现了由人工向自动、小容量向大容量、模拟向数字等多方面的转变，但是，与发达国家相比，仍然有很大的差距。第一，我国国家信息能力与发达国家相比差距大。据国际统计信息中心测算的国家信息能力总水平的得分结果表明：美国是世界上信息能力最强的国家，得分71.76分；日本居第二，得分69.97分；澳大利亚居第三，得分65.59分。他们领导着世界信息技术和信息产业的发展方向。加拿大、新加坡、荷兰、英国、德国、新西兰、法国处在信息能力发展的第二层次，得分在50~60分。东欧为主的一些国家是第三层次，得分在20~50分。拉丁美洲的一些国家是第四层次，得分在10~20分。而包括中国在内的亚洲一些发展中国家信息能力最低，得分在10分以下。美国的信息能力总指数约为我国的11.6倍。不仅如此，我国的信息化在世界上也处于劣势。据统计，当前国际互联网网页81%是英文的,而网上中文信息内容却不到整个网上信息总量的1%。世界排名前14家网络公司中前13名都是美国的,互联网网址90%属于美国。第二,我国的电子数字技术与发达国家相比劣势明显。无论是从IT、通信还是消费电子产业来看,我国的核心技术都落后于世界发达国家。当今世界上电脑产品芯片的核心技术大都掌握在韩国、日本等国家的企业手中;全球有将近3000个世界性的大型数据库,其中70%设在美国。在通信技术上我国企业要向国外企业交高昂的专利费。如数字电子使用的辅助产品,全球基于闪存技术的移动储存市场销量预计为1600万片,其中,在我国生产的光盘播放机占80%,刻录机占70%,但其核心技术都不是中国制造的,所产生的经济效益很大部分都被外国公司拿走了。

其次,我们要承认差距,积极应对。承认我国在数码技术和互联网方面的弱势状态并不是妄自菲薄和悲观失望,而是要正视现实,采取积极有效的措施加快发展。第一,加大政府投入,提高创新能力。作为发展中国家,中国信息网络建设起步晚,底子薄,企业与经济组织的资本积累有限,人才稀缺,不容易产生西方国家那样的自发形成、自觉发展的信息网络体系。因此,我国的信息网络技术的发展仅仅依靠社会风险投资来实现是不现实的。离开了政府的大力支持,离开了政府有组织、有计划地开发和研究,中国信息网络的高速发展就不会很快实现。胡锦涛总书记指出,中国科技发展的目标是:"到2020年,使我国的自主创新能力显著增强,科技促进经济社会发展和保障国家安全的能力显著增强,基础科学和前沿技术研究综合实力显著增强,取得一批在世界具有重大影响的科学技术成果,进入创新型国家行列,为全面建设小康社会提供强有力的支撑。"❶为此,政府要加大在信息网络方面的投资力度,抓住当今

---

❶ 胡锦涛在全国科学技术大会上的讲话. 新华网,2006-01-09.

世界信息技术革命的机遇，加快建设新一代信息网络并对其进行战略性结构调整，提高创新能力。第二，在核心技术方面重点投入，使我国的产品从"中国制造"走向"中国创造"。要改变我国在核心技术方面受制于国外的状况，就要重点加大对制造业结构的投入和调整力度，造就一批在国际市场上竞争力较强的大型企业集团，力求在数字技术、大规模集成电路、超高速网络系统等领域取得重大突破。力争使以集成电路和软件技术为重点的核心技术达到世界前列，提高具有中国自主知识产权产品的比重。第三，人才是自主创新的根本。高科技的发展需要大批高水平的科技人才。因此，国家应该加大在人才引进与培养方面的力度，给予高级人才以科研资金支持和创业优惠政策，确保高科技人才脱颖而出。

分析研究我国的科技状况，目的是认清当前我国的科技形势，加大发展力度，以便使其更好地服务于我们的文化和现代化建设。翻开人类文化发展史，我们就会发现，在人类文化的发展中，科学技术占据重要地位。在刚刚过去的一百年里，人类创造的文明比以往人类所有文明的总和还要多。对此，人们可以有多种解释，但科学技术在其中的重要作用却是决定性的。因此，在当今文化全球化的时代，对于21世纪的中国来说，发展科技和振兴文化，这两个目标在最终意义上应该是一致的。大力弘扬科学精神，促进科学技术与社会文化的协调发展，应当是我们当今的一个不容忽视的重要任务。

（二）中产阶层的壮大与市民社会的兴起

改革开放以来，伴随着改革开放的推行和社会主义市场经济的发展，我国社会进入了全面转型期，社会转型的发生，促使中国大地上涌现出越来越多的社会新阶层，中产阶层的壮大、市民社会的兴起使中国传统社会结构发生重大变化，这些新阶层影响着中国现代文化格局的形成,是当代中国文化和社会现代性的重要标志。

中产阶层是一个相对的历史概念,它以社会成员的收入构成作为主要的参照系数,一是指一些社会成员的收入水平处于不是非常富有但也超出了基本生活需求的状态。社会发展的不同阶段有不同的社会阶层结构,当代我国中产阶层的出现,是中国现代化和社会转型发展到一定阶段的产物。按照中国的国情,当前我国社会依据收入构成基本可分为四个阶层:家庭年收入在1万元以下属贫困阶层;家庭年收入在1万元以上3万元以下属温饱阶层;家庭年收入在3万元以上30万元以下属中产阶层;家庭年收入在30万元以上属富裕阶层。近年来,我国的中产阶层不断发展壮大,但是,与西方发达国家相比,这种形成速度还是比较缓慢的,而且中国的中产阶层也还不具有比较成型的特征。西方发达国家社会人群的构成是"橄榄型",富人和穷人少,中间中产阶级队伍庞大,这种社会结构有利于社会的发展。而我国当前的社会人群构成呈金字塔型,富人较少,中低收入者居多,这种构成不利于当代中国现代化建设的顺利进行,对我国社会发展产生了很多负面影响,因此,党的十六大提出了"以共同富裕为目标,扩大中等收入者的比重,提高低收入者收入水平"的发展路数。其实,全面建设小康社会的过程也是中产阶层逐步壮大的过程。

我国中产阶层的发展壮大将会给社会发展带来全方位的影响:从经济上看,中产阶层比较丰厚而稳定的收入决定了其具有广阔的消费潜力,是消费的主导力量,能够拉动经济增长;从政治上看,中产阶层具有较强的现代公民意识,对现代民主和法制有比较深刻和全面的理解,而且有着一定的话语权,他们积极参与民主政治,是政治文明的重要推动力量;从文化上看,中产阶层基本上都受过良好的教育,而且其本身就是社会主义文化建设事业的受益者,因此,他们对社会主流文化有较强的认同感,积极支持我国的精神文明建设；从社会上看，中产阶层是改革开放的受益者，对社会变革有良好的心理准备，支持国家的改革开放政策，因此，中产阶层是社会稳定的重要力量。从上面可以看出，中产阶层的发展壮大，给我国社会带来了许多积极有利的影响，但任何事情都是矛盾的统一体，中产阶级的发展也给社会带来了一定的负面影响。例如，由于中产阶层的职业构成面较窄，导致了行业不平和行业收入差距的拉大，压制了其他行业的发展；由于我国中产阶层分布区域的不平衡，导致了区域经济差距的进一步扩大；部分通过不正当或非法手段跻身于中产阶层的人，导致了社会中一些不良的致富风气，引起了社会冲突……综上所述，中产阶层的发展壮大是我们的目标，因此，根据当前我国的国情和现状，一方面我们要续鼓励中产阶层的进一步发展壮大，另一方面我们要鼓励更多的人通过合法手段富裕起来，同时，国家也应顾及下层人民的基本利益，大力协调经济社会的不平等现象。在中国的现代化进程中，中产阶层将是社会稳定的重要基础，是影响我国未来方向的重要阶层，他们对社会的发展意义重大。因此，对于国家来说，只要对中产阶层认真研究并进行必要的推动和指导，相信其一定会对我国的现代化建设发挥积极的作用。

中产阶层作为市民社会的主体，是市民社会发展的内在动力，其发展直接影响市民社会的发展。因此，中产阶层的壮大推动了市民社会的兴起。

"市民社会"这一概念源自西方，是英文 Civil Society 的意译。在西方哲学史上，亚里士多德、黑格尔、马克思、葛兰西以及哈贝马斯等许多学者都对市民社会进行过深入的研究。然而，在西方，"市民社会"在不同的历史时期却有着不同的含义和所指。首先，最初的市民社会是与政治国家重合在一起的，其含义是指摆脱了野蛮状态的文明社会。这一思想主要体现在亚里士多德和西塞罗等早期哲学家的思想中。接着，在18世纪中后期，市民社会与政治国家相分离，指外在于国家的社会组织，这一时期的学者坚持的是"国家—市民社会"的二分法模式。这一思想主要体现在黑格尔和马克思等人的思想中。第三，在当代西方社会，市民社会指向文化领域，经济领域从市民社会中分离出去。这一时期的学者着重强调市民社会的社会整合功能和文化传播与再生产功能，坚持"国家—经济—市民社会"的三分法模式。这一思想主要体现在葛兰西、哈贝马斯、柯亨和阿拉托等人的思想中。

历史地看，市民社会是与资本主义和现代化等相伴生的一种近代现象。"市民社会"这一概念的单独使用，本身就意味着工商业已经发展到了摆脱了政治权力直接控制的程度，当然，这种摆脱并不是指国家权力机构的消失，而是说政治权力只管统治人的本质，不再经管生产和交换行为本身。在封建主义时代，不可能存在市民社会。因为当时的贵族阶级既是生产资料的占有者同时又是国家机器的直接操纵者，人们的生产和生活方式受国家的统一制约，这时的市民社会与政治国家是重合的。马克思说："中世纪的精神可表述如下：市民社会的等级和政治意义的等级是同一的，因为市民社会就是政治社会，因为市民社会的有机原则就是国家的原则。"❶ 随着资本主义工商业的发展，在整个商业和工业生活高度发达的基础上，自发的商业机制强烈要求私人的市场行为摆脱政治权力的干预，在这种情况下，市民社会产生了与政治社会分开的要求。在西方，市民社会是通过资产阶级革命的手段完成的，资产阶级的政权不再直接干预社会财富的生产和分配，它只是资产阶级之间的一个共同契约机构，保证社会商业机制的顺利进行，这样，资产阶级的市民社会便独立于资产的政权而运行。

在中国，以市场为取向的经济体制改革导致了市民社会的兴起。

---

❶ 马克思恩格斯选集：第1卷[M]．北京：人民出版社，1972：334．

1992年党的十四大召开后,我国的社会转型全面展开,市场经济得到了较快的发展。市场经济的发展导致了传统社会结构的解体,打破了国家对社会经济生活的高度控制,于是,越来越多的中国人扔掉"铁饭碗",走出他们的单位,投身商海;而"单位"本身也积极转型,很多单位其实就是投资主体的人格化形式。这些客观事实表明,中国式的市民社会已在中国兴起。当然,中国的市民社会不同于资产阶级的市民社会,但也与实行计划经济下的社会主义社会有根本的不同,随着市民社会的不断发展,人们就会逐渐明白"'市民社会'这个概念之所以必要,就在于它代表了这样一种特殊的社会和特殊的生活方式,就在于它有别于另一种社会形式和另一种方式的生活——前市民社会及其生活方式"❶。马克思认为,未来的共产主义社会将是一个"自由人的联合体",那时,阶级将最终消亡,私人利益与公共利益的对立也将最终消失。那时的社会,市民社会当然也将不复存在。但目前,我国还处在社会主义初级阶段,我们还要大力发展社会主义市场经济,因此,市民社会在我国的出现将是不可避免的。在当今中国的社会转型期,我们已经看到,我国的市民社会与国家权力之间基本上是良性互动的,整个社会正在平稳过渡之中。市民社会对我国现代化的发展起到了极大的推动作用。从经济方面来看,市民社会是市场经济的坚实社会基础。中国的市场经济是国家用政治权力自上而下开启的,国家对市场经济只进行间接性的宏观调控,而市场经济的良性运行与协调发展需要市民社会的积极参与,因此,市民社会的培育和发展是社会主义市场经济体制建立的内在需求。从政治方面来看,市民社会对国家权力具有监督和制约作用。市民社会能依据国家制度并通过自己的力量来约束国家权力的行使,通过发挥积极的监督和参政作用,保证国家权

---

❶ 王新生.市民社会概念的三重意蕴[J].学海,2000(01).

力机制的平衡运作。从文化方面看,市民社会的形成培养了中国人的现代意识,人们开始有了开放的精神和自治的体验,与此同时,人们的权利与义务观念、竞争意识和创新意识等都得到了发展,这种现代精神不断地推动着中国社会的变革与前进。但是,与此同时,我们还应该看到,在精神生活领域,市民社会与国家权力在观念上的冲突在所难免,有人这样说中国的市民社会,他们"从自己的实际利益出发,要求着自己的私人性,对'自由'、平等、公正等等已经被知识分子赋予思想激情的字眼加以最粗鄙的解释,进而积极地反抗着传统文化和僵硬的国家体制的控制和干预"❶。其实,这是由市民社会的本性所决定的,市民社会之所以要从政治国家中分离出来,之所以不再要政治国家来安排他们的生产和生活,这是由市民社会个体的生存需要所决定的,而这种需要是与生俱来的,任何力量都无法阻挡。要发挥市民社会的积极作用,就必须逐步深化对市民社会的认识,加快其建构的步伐:在经济方面,加快完善市场经济体制,巩固市民社会得以存在的基础;在政治方面,不断深化政治体制改革,确立多元权利基础,建立国家与市民社会良性的互动关系;在文化方面,积极推进文化领域的改革,促进市民社会理性规则秩序的逐步形成。

总之,中产阶层的发展壮大促使了近代意义上市民社会的兴起,市民社会的兴起是社会发展的必然趋势,其发展与成熟将会经历一个漫长的时期。在市民社会的建构过程中,我们既要抓重点环节的建设,又要注意各方面的衔接和配套,在尊重客观规律的基础上循序渐进、大胆创新,加快其建构的步伐。

(三)文化消费、文化产业与大众文化

随着科技的不断进步和两个文明建设的推进,我国人民的消费

---

❶ 蔡翔.日常生活的诗情消解[M].北京:学林出版社,1994:176.

结构发生了很大变化。文化消费的地位持续提升，已经成为我国消费领域的热点问题。因此，大力发展文化产业，促进文化消费，对国家的进步和发展意义重大。文化产业的发展离不开优胜劣汰的市场竞争规则，没有大众消费群体的支持，文化产业就无从发展，所以，要发展文化产业，就要重视大众文化的发展，使文化市场、文化产业和大众文化之间形成良性循环，从而促进我国文化建设的大繁荣。

文化消费是指人类为了满足自己的精神文化生活而对精神文化产品和精神文化服务的消费和享用过程，其目的是获得一种高层次的精神需求。伴随着我国改革开放的推行和经济建设的高速发展，人们的物质生活水平大幅度提高，在物质生活得到满足的同时，人们对精神文化的需要日益凸显出来，近年来，我国的文化消费水平持续提高，消费者的文化"热"持续升温，文化消费支出在全部支出中所占的比重越来越大。我国文化消费水平的快速提高，对我国现代化建设意义重大：首先，文化消费能扩大劳动力的内涵。在物质生活满足的前提下，劳动者对文化消费得越多，其个性的全面发展就越快，这样，劳动者的科学文化水平大大提高，在生产和再生产过程中就能够支出更多的脑力和体力。劳动者体力和智力的提升会为我国社会主义建设提供了大批精良的人才，提高了劳动生产率和产品质量，取得了极大的经济效益。其次，文化消费尤其是高级文化消费比重的增加，能使社会消费结构得以合理优化，同时也能极大地促进我国社会生产力的发展。

尽快促进我国生产力的发展和消费结构的完善，提高劳动者的物质生活和精神素养，这是我国发展文化消费的方向和目标。从当前的形势来看，我国文化消费水平的发展趋势是令人鼓舞的，但与一些发达国家相比，还存在较大的差距。无论是从我国的文化消费总量，还是从文化消费结构层次上看，我国的文化消费水平都是较低的。据统计，文化消费在我国的消费结构中仅占3%，只是发达国家的十分之一。针对这种情况，我们就要大力发展文化产业，生产出更多高质量的文化产品，提供更多更好的文化服务，以满足人民群众文化消费增长的需求。

文化产业被喻为21世纪的朝阳产业，在西方发达国家，文化产业早已存在，而我国的文化产业则起步较晚，近年来，随着我国经济建设的快速发展和人民收入的不断增加，人们的精神消费需求大大增加，因此，加速发展文化产业势在必行。

近年来，我国文化产业发展迅猛，其发展速度超过了国家经济发展的平均速度。北京、上海、广东等地文化产业年增加值已达到10%~30%，显示出巨大的市场发展潜力。2008年以来，我国在电视、电影、动漫游戏、新闻出版等方面都呈现出了强劲的发展势头。随着文化产业产值的不断提高，我国的文化产业已经从探索、起步阶段进入跨越式发展的阶段。文化产业的繁荣发展对我国的经济和社会发展发挥着越来越大的作用。但是，与其他国家相比，我国文化产业产值在GDP中仅占0.75%，与发达国家的5%，美国的10%相比，仍属弱质产业。我国文化产业的从业人员在全体从业人员中所占的比重仅为0.4%，而发达国家一般达3%~6%。由此可见，为了推动我国文化建设的快速发展，我们必须把文化产业的发展提到战略的高度来对待。从目前我国文化发展的情况来看，我国文化产业的政策、体制已逐步到位，这为我国文化产业的发展打下了良好的基础。2009年，为拉动内需，促进经济快速平稳发展，中央和地方政府出台了总额高达数万亿元的经济刺激计划，这对文化消费的增长意义重大。日前，国家行政学院对2005—2020年这15年间我国文化产业发展的主要指标进行了研究，结果表明，在这15年间，我国年均人均文化消费需求将增长6.7%，文化产业增加值的年增长速度保持在14%，文化产业就业总量年增长率保持在9.7%左

右。文化产业作为国民经济支柱产业的地位将越来越突出。❶

文化产业与大众文化是两个相伴共生、密不可分的概念。大众文化"特指20世纪以来由文化产业制作的诸如电影、广告、流行音乐、通俗小说、电视节目等文化产品。也常称为大众艺术、通俗艺术、流行艺术等。其特点是通俗易懂、机械复制和传播迅速"❷。通俗地说,大众文化就是普通老百姓的文化,它是在现代工业社会背景之下产生并与市场经济和商品社会相适应的一种市民文化。在英语中,与大众文化对应的词是 mass culture 和 popular culture。但是,mass culture 是一个早期的概念,当今理论界所说的大众文化一般对应的是 popular culture。大众文化作为我国文化中的一员,它的产生与传播满足了普通大众的文化需求,也造就了一种新的产业形态——文化产业。我们知道,主流文化是不会、也不允许产业化的,所以,主流文化受产业化的影响是很小的,精英文化也只能部分地产业化,所以,真正能产业化的只能是大众文化。因此,说发展文化产业,主要指的就是发展大众文化,在一定意义上可以说,抓住了大众文化,也就抓住了文化产业的龙头。

当今,大众文化作为我国的一种现代文化,已经是中国社会一种引人注目的文化景观。大众文化是市场经济的产物,获取商业利润是它最根本的目的,因此,在利益的驱动下,所有的文化资源都可能被发掘包装后变成文化消费品进入市场,这就使大众文化更加大众化、市场化。如满街的通俗读物、满橱窗的通俗影碟和音碟、满世界的通俗音乐会等。和任何事物都有两面性一样,我国大众文化本身也是一把"双刃剑",它既有积极的社会作用,也对我国文化的正常发展构成了一定的威胁。在文化全球化和文化产业崛起的今

---

❶ 李舫. 寒冬虽未尽,春暖待花开——我国文化产业"逆势上扬"的观察与思考[J]. 青岛科技大学学报(社会科学版),2005(02).

❷ 王先霈. 文学批评术语辞典[M]. 上海:上海出版社,1999:569.

天，大众文化不仅直接关系到国民素质和文化水准的提高，而且也是意识形态和经济竞争的主战场，因此，我们决不可轻视它的作用和影响。

鉴于大众文化的市场化运作方式不会改变、鉴于我们的文化发展问题必须立足于市场经济这个现实，所以，我们就不能对文化产业的发展完全放任自流，否则只会造成人力物力财力的大量浪费，更进一步说，也根本无法实现我们新文化建设的目标。市场需要引导、调控和创新，因此，我们必须发挥国家的宏观把握、积极引导和综合治理功能，加强文化立法，让市场经济就是法制经济这一通则体现到文化市场中来。大众文化消费的实质就是对文化财富的享用和消费，其与文化产业的发展具有辩证的互动关系，它牵动和影响着我国整个经济运行的结构、速度和规模。因此，我们需要在政府机构、文化产业部门以及社会各方等的共同努力下，排斥消极病态的消费观念，谋求积极健康的消费行为，这既是我国大众文化消费追求的首要目标，同时也是我们发展文化产业的根本要义。

第三章 文化全球化对中国文化自信构建带来的挑战和机遇

党的十九大报告指出,"文化自信是一个国家、一个民族发展中更基本、更深沉、更持久的力量"。文化交流在国家治理和国际交往中发挥着重要作用。中华民族以文化自信的气度,在对外文化交流中不忘本来,借鉴外来,创造了辉煌灿烂而又独具特色的中华文明。新时代,我们应更加自信地推动中外文化交流,不断提高国家文化软实力,全面提升中国国际地位和国际影响力。

文化全球化是以民族文化的发展为基础和前提的,因此,它对民族文化发展的影响是巨大的。它改变了各民族文化独立发展的历史,使各民族文化都必须在彼此的互动中向前发展,但是,文化全球化也是一把"双刃剑",它给民族文化的发展带来机遇的同时,也使民族文化自信面临着严峻的挑战和考验。坚定文化自信,事关国运兴衰。面对文化全球化带来的挑战和考验,我们应在中外文化交流中坚守中华文化主体性和独特魅力,让世界更好地了解和体验中华文化,从而更好地塑造和展现中国形象。

一、文化全球化的实质和发展态势

自20世纪90年代以来,文化全球化问题已经成为国内外学术界非常感兴趣的一个话题。进入 21 世纪之后，理论界的"全球化"热已经由经济全球化转向了文化全球化，文化全球化问题得到了广泛的关注。

(一) 文化全球化的实质

实质即本质，指事物的根本性质。文化全球化的本质就是指文化全球化的根本性质。事物的本质通常是隐蔽的，必须靠辩证思维透过现象才能挖掘到。但文化全球化的本质是指各种文化全球化现象中共同的稳定的联系，它不是直接呈现出来的，而是要靠我们的理性思维去抽象和把握。

1. 关于文化全球化有、无之争

在学术界，对"是否存在文化全球化"目前还存在着较大的争议，以致形成了两种完全相反的观点。

肯定论者的观点归纳起来主要有三种：一是乐观论，文化全球化将最终形成一种没有任何地域性差异的单一、同质的全球文化，这种文化将体现世界上所有人的利益，并将替代和超越目前所有民族和国家文化，成为一种供全世界共享的全球最优秀文化。有人把这种观点叫"文化全球化的乌托邦"❶❷。二是悲观论，这种观点认为，受当前全球经济、政治发展不平等的决定和制约，文化全球化的发展也是一个不平衡、不平等的进程，文化全球化实际上就是文化美国化或文化西方化的代名词，文化全球化最终将导致霸权文化一统天下。有人把这种观点叫"文化全球化的敌托邦"，持这一观点

---

❶ 阿努拉·古纳锡克拉，等. 全球化背景下的文化权利 [M]. 张毓强，等，译. 北京：中国传媒大学出版社，2006.

❷ 吕松涛. 论全球文化的生成 [J]. 福建党史月刊，2005 (12).

第三章 文化全球化对中国文化自信构建带来的挑战和机遇

的人比较多。❶❷❸第三种观点我认为可以称为"客观论",这种观点认为,全球化进程使各个文化体之间的交流日益增多,从而使文化的地域性减弱和消解,不同文化体之间在文化共性扩大基础上不断彼此相容,文化要素深层融会贯通并浑然一体,进而形成一种有机的文化新模式。❹❺❻❼

否定论者的观点归纳起来主要有两种:一是"温和否定论",这种观点认为,不同文化在全球化的互动中被合并、吞并的可能性都很小,文化全球化的发展不会消除各民族文化的特殊性,文化的种类也不会因此而减少,只有文化的多元共存,世界文化才能繁荣发展。❽二是"极端否定论",这种观点认为,文化全球化的发展刺激了文化的本土性,增强了民族性,造成文化异质性的彰显,并由此带来文化间的离散、摩擦和冲突,文化自觉会导致文化差异更加突出,各民族和国家文化不可能出现统一或融合。

不同的观点当然可以讨论,对于文化全球化这样复杂的问题,无论是肯定或是否定都需要做出具体冷静的分析,这样,才能使讨论不断地走向深入。

对于"文化全球化",无论我们对之承认与否,这个概念都已经

---

❶ 弗雷德里克·杰姆逊. 晚期资本主义的文化逻辑 [M]. 陈清侨,等译. 北京:三联书店, 1977.
❷ 乔纳森·弗里德曼. 文化认同与全球性过程 [M]. 郭建如,译. 北京:商务印书馆, 2003.
❸ 乔姆斯基. 新自由主义和全球秩序 [M]. 徐海铭, 季海宏,译. 南京:江苏人民出版社, 2000.
❹ 张岱年,汤一介. 文化的冲突与融合 [M]. 北京:北京大学出版社, 1997.
❺ 关静杰. 论全球化背景下的中西文化整合 [J]. 哈尔滨市委党校学报, 2006 (04).
❻ 刘立成. 论全球化背景下的文化整合 [J]. 理论前沿, 2006 (07).
❼ 李丹. 文化全球化的前景与和谐世界的构建 [J]. 中国人民大学学报, 2008 (01).
❽ 理查德·D. 刘易斯. 文化的冲突与共融 [M]. 关世杰,译. 北京:新华出版社, 2002.

存在,而且在现实中被越来越多地使用。本书对文化全球化的存在是持肯定态度的。如果我们仔细观察,就会发现,人类社会已经处于全球化时代,整个世界日益成为一个紧密联系、不可分割的有机整体,各民族国家、各地区普遍交往和相互依存达到了前所未有的程度。雷蒙德·威廉斯在其著作中就写过一个有趣的例子,很形象地描绘了全球化的生活情景:"从前有这样一位英国人,他在一家以美国为主的多国公司设在伦敦的办公室工作。一天晚上,他驾驶自己的日本汽车回到自己家中。他的妻子已经回到家了,她在一家进口德国厨房设备的公司工作。她那辆意大利汽车在交通拥挤时总是跑得更快一些。他们吃了晚餐,晚餐包括新西兰小羊、加利福尼亚胡萝卜、墨西哥蜂蜜、法国乳酪和西班牙葡萄酒。然后他们坐下看电视,节目是在芬兰制作的……"❶当今时代全球化是全方位的,它使人类文化生活领域也发生了明显的变化,以互联网络为标志的全球信息革命冲破了各区域的文化壁垒,将各民族的文化贯通起来,不同民族的地域界线日趋淡化,文化之间的相互交往日益广泛,无论是文化的生产、消费,还是文化的传播、交流,都具有明显的全球化特征。埃及学者谢里夫·海塔塔曾对此感叹道:"在我71岁时,我居然也习惯了穿牛仔裤和耐克鞋。我也开始听摇滚乐、牙买加节奏音乐,有时甚至听说唱乐。我也开始喜欢光顾迪斯科舞厅,有时我还会有其他的一些欲望,尽管在此之前我成功地抵御了它们的侵袭。我知道这些东西已悄悄溜进了我们的生活,通过传媒,通过电视、电影、广播、广告、报纸甚至小说、音乐、诗歌。这就是文化,它正四处伸展,席卷全球。"❷

---

❶ 约翰·汤姆林森. 全球化与文化[M]. 郭英剑,译. 南京:南京大学出版社,2002:166.

❷ 谢里夫·海塔塔. 美文化·解体和上帝[M]//弗雷德雷克·杰姆逊,三好将夫. 全球化的文化. 南京:南京大学出版社,2002:230.

以上这些经验事实说明，文化全球化的确已经存在，是不可否认的客观情况，文化全球化否定论者的观点是站不住脚的。那么，肯定论者的观点到底孰对孰错？究竟什么是文化全球化、如何界定它的内涵呢？

2. 文化全球化的概念界定

既然文化全球化的存在已经是不可否认的客观事实，那么，到底什么是文化全球化呢？

在上一节，本书已经论述了文化全球化的肯定论者的三种观点，它们分别是：乐观论、悲观论和"客观论"。那么，究竟哪种观点正确呢？这就需要我们透过目前初露端倪的文化全球化现象，从它的实质、核心以及发展趋势来科学地分析和界定文化全球化的内涵。

文化的全球化是一个长期的、动态的过程，它作为人类文化生活高度社会化的表现，必然要反映一定的世界经济政治制度或秩序的性质，在不同的发展阶段，文化全球化会有不同的表现和存在样态。因此，在不同的历史时期，它要随世界经济政治制度的不同而发生相应的变化。当人类社会处于资本主义一统天下的时代，文化全球化就会主要反映着资本主义的制度；当人类社会进入资本主义和社会主义两种制度并存的时代，文化全球化就又反映着资本主义和社会主义两种制度；毫无疑问，当人类社会到了共产主义社会，文化全球化就会反映共产主义社会的经济政治制度。

文化全球化的乐观论者把文化全球化的未来想象得一片光明，似乎预测了未来共产主义社会文化全球化的情景，但这种观点显然是片面的。文化全球化虽然意味着所有民族的和区域的文化要不断冲破国家的、民族的文化壁垒并朝着一定方向发展，但是，它并不意味着各种民族文化的泯灭，而形成某种没有任何地域性差异的单一、同质的全球文化。文化全球化应该是各个民族和国家的文化在充分的交流、沟通和合作中不断地发展壮大自身，这种文化在多样性中存在统一性，在统一性中蕴含多样性。而悲观论者把全球文化想象成一片悲歌，这并不奇怪，说明他们看到了文化全球化目前历史阶段所具有的特征。在当今社会，资本主义经济占据着绝对优势，相应地，在包括文化生活在内的其他生活领域中，资本主义国家也占据着优势。所以，目前经济全球化和文化全球化的主导权都掌握在少数发达资本主义国家的手中，而社会主义国家和广大的发展中国家处于相对弱势和无权的地位，造成当今的文化现实是，西方发达国家的文化，尤其是美国的文化到处泛滥。但是，我们不能用静止的眼光看待文化全球化，不能忽视其随着世界经济政治变化而发生变化的属性。如果我们只看到当今文化全球化带有的深刻的资本主义烙印的一面，而不看其资本主义烙印后面的深刻内涵，就简单地将文化全球化说成是"资本主义化"，从而导致对文化全球化的历史进步价值的否定或忽视。

综上所述，"客观论"者的观点更好地反映了文化全球化的本质特征。文化全球化是一个动态的过程，在其发展过程中会呈现不同的阶段，所以文化全球化内涵的界定要反映"文化全球化一般"，即在各个文化全球化发展阶段都会具有的一般的特性，因为，具体的文化全球化远比作为共性的"文化全球化一般"要丰富得多。由此我们觉得可以对文化全球化做出这样的界定：文化全球化是人类文化生活的高度社会化状态，是世界上各民族、国家或地域文化广泛而快速地互动的现象与历史进程，是各种文化要素（语言、文字、文学、艺术、思想理论、价值观念、生活方式等）在世界范围内的交流、竞争、共生与互补以及在此基础上形成的向全球文化系统发展的一种必然的历史趋势。

3. 文化全球化的实质

实质即本质，指事物的根本性质。文化全球化的本质就是指文化全球化的根本性质。事物的本质通常是隐蔽的，必须靠辩证思维透过现象才能挖掘到。但文化全球化的本质是指各种文化全球化现象中共同的稳定的联系,它不是直接呈现出来的,而是要靠我们的理性思维去抽象和把握的。

(1) 文化全球化:一种历史必然趋势

文化的本质具有历史性,文化全球化作为一个正在进行的历史进程,是历史发展的结果,同时又构成了未来发展的历史前提。

毋庸置疑,文化全球化是一个历史范畴,它是人类社会发展到一定历史阶段的产物,而且要随着人类文化生活的发展而不断发展。关于这个问题,马克思恩格斯早已做过肯定的论述,在《共产党宣言》中,马克思恩格斯在论述"历史向世界历史转变"问题的过程中指出:"资产阶级,由于开拓了世界市场,使一切国家的生产和消费都成为世界性的了。不管反动派怎样惋惜,资产阶级还是挖掉了工业脚下的民族基础。古老的民族工业被消灭了,并且每天都还在被消灭。它们被新的工业排挤掉了,新的工业的建立已经成为一切文明民族的生命攸关的问题;这些工业所加工的,已经不是本地的原料,而是来自极其遥远的地区的原料;它们的产品不仅供本国消费,而且同时供世界各地消费。旧的、靠本国产品来满足的需要,被新的、要靠极其遥远的国家和地带的产品来满足的需要所代替了。过去那种地方的和民族的自给自足和闭关自守状态,被各民族的各方面的互相往来和各方面的互相依赖所代替了。物质的生产是如此,精神的生产也是如此。各民族的精神产品成了公共的财产。民族的片面性和局限性日益成为不可能,于是由许多种民族的和地方的文学形成了一种世界的文学。"❶ 这段经典的论述表明,随着物质生产的全球化,精神生产也必然走向全球化,这是一种不以人的意志为转移的客观趋势。

文化全球化得以存在的历史前提就是以科学技术为核心的人类

---

❶ 马克思恩格斯选集:第1卷 [M]. 北京:人民出版社,1995:276.

社会生产力的发展以及以此为基础的世界各个民族文化的相互作用和相互影响。因为，只有生产力得到相当的发展，人类文化生活才能高度社会化。交通运输工具、通信交流技术的突破性发展，使人类的文化活动跨越民族国家疆界不断发展、传播和交流，各个民族国家的文化不得不成为开放的文化，各种文化要素在全世界范围内大规模地流动，各民族文化通过交流、融合、互渗和互补，不断突破本民族文化的地域和模式的局限性而走向世界，改变着人类文化生活的面貌，形成新的文化关系。文化全球化是人类社会发展的一种历史必然趋势，任何一个民族国家都无法回避，它的发展虽然要经历一个漫长、复杂和曲折的过程，但是，它的总趋势与人类社会进步的方向相一致，符合人类历史发展的规律，它客观上有助于各个国家、民族文化的发展以至整个人类文化的进步，是人类文明进步的重要标志。

（2）文化全球化的实质是全球性的文化交流、竞争、共生与互补

文化全球化是一个动态的历史发展过程，它一经产生，就会有其自身的本质特征。

文化全球化是全球性的文化交流。大多数学者认为，用"多元文化的交流与互动"来概括文化全球化的存在状况与未来走向是比较恰当的。"文明是交往的产物，唯有不断的往来与交流，新的文明种子方可萌生，文化繁荣才有可能。反之，关闭国门以逃避冲突，可能求得一时的安稳，但文化枯竭、民族退步则随时都可能来临。"❶ 当然，各文化间的交流与融合自古就有，但却从来没有达到今天这样的广度和深度。自人类社会进入文明时代以来，其文化就有一定民族国家的属性。所以，在一定意义上说，在前全球化时代，世界文

---

❶ 李承贵. 中西文化之会通 [M]. 南昌：江西人民出版社, 1997: 195.

化也是多元化的,并且也存在一定的交流和相互影响。但是,前全球化时代由于自然地理条件的限制和"我族中心主义"偏见的作祟,文化交往的范围不仅是十分有限的,而且是偶然的、局部的,并不具有全球层面上的普遍性。只有进入全球化时代,经济、技术的发展提供了快速的交通及通信工具,世界多元文化的全球性交流与互动才在人类历史上第一次成为现实。文化全球化使世界各主要民族、国家在衣食住行等生活方式、思想观念和思维方式等各个层面都在相互影响,各个民族或国家文化政策的制定与选择都必须受到全球整个文化体的影响与制约。于是,每一个民族过去发展过程中的那种狭隘的独立性日益成为不可能。文化全球化的存在状况以及可以预见到的未来发展趋向在于多元文化的交流与互动。正如有的学者所言:"文化的全球化并不等于文化的同质化,而是由经济全球化过程所决定的、以文化传播技术为媒介的、以不同文化在全球层面上的大规模交流与互动为内涵的世界文化的发展过程。"❶

文化全球化是全球性的文化竞争。文化全球化是一个求同存异的过程。一种文化只有跟上时代前进的步伐,不断地更新和发展,才是一种有生命力的文化。这也是文化全球化大背景下对文化品格的要求。从文化发展的角度看,任何一种文化都在不同程度上经历着发生、成长、衰退和再生的过程,这是一个客观的普遍规律。不同国家、民族在长期的实践过程中,因不同的历史和传统创造了不同的文化,由此形成了文化差异,而各种不同的文化作为人类智慧和精神的结晶,不存在孰优孰劣的问题。各个具有独特性的健康文化并不排斥参与全球性的文化交流与竞争,因为每个独特性的健康文化要通过文化竞争来发展壮大自身,这种发展

---

❶ 韦幼苏.文化全球化与构建中国先进文化[J].南开大学学报(人文科学版),2002(03).

不仅是对原有文化的丰富和提高,同时也是对整个民族文化品格、境界的提升,是对民族文化某些局限性的克服。虽然全球性的文化激荡,常常使相对弱势的民族文化发展处于"受损"的地位,有时甚至陷入严重危机。但是,这种不利和危机并非是一种注定的命运,只要这些民族善于"从游泳中学会游泳",从竞争中增强实力,那么,文化竞争就会转变为焕发文化生机、获取文化财富的契机,文化受损也因此会变为文化受益。文化的发展其实就是在这种充满矛盾的过程中不断前进的。因此,在文化全球化的浪潮中,各民族文化要获得长足的发展,就必须让民族文化走向世界,使其在与世界文化的竞争中获得蓬勃的发展生机。这是民族文化发展的必由之路。

文化全球化是全球性的文化共生与互补。分析人类的文化发展史可以看出,人类文化的进步与发展,是由不同文化所汇聚成的文化的合力所推动的,"人类的文化宝库是众多民族或国家共同建造成的,"❶ 事实也的确如此。如在当今文化市场已基本畅行全球的情况下,实行市场经济的国家仍然是个个不同的。因此,文化全球化并不是超越于各民族文化之上的一种文化,而是寓于各民族文化之中,是全球性的文化共生。正如有学者指出的那样:"文化的世界共性,就存在于而且只存在于文化的民族个性之中。试想在全球,除了存在于各民族文化中的世界文化,还会找到单独存在的世界文化吗?所谓世界文化,从整体上来说,就是各民族文化组成的整体文化。但是,对于每一个民族文化来说,又不能说它就是世界文化,而只能说它具有世界性。"❷ 首先,共同的文化价值理念的形成是历史发

---

❶ 季羡林. 东方文化集成总序. 东西方文化议论集 [M]. 北京:经济日报出版社,1997:5.

❷ 王树人. 文化的民族性和世界性问题. 世纪之交的论辩 [M]. 北京:北京大学出版社,1994:253.

展的必然要求。当今,在多元并存的世界文化格局中,西方文化和东方文化各有其优点和缺失,它们只会是重要的两极,但都不是世界文化的中心,文化全球化只能形成于各种不同形态的文化传统之中,然而共同的文化价值理念一旦形成,它就会超越各种具体的文化形态,为人类所共同认可和遵守,也就是说,它虽然来源于具体文化,但却高于各种具体文化。其次,从当今世界面临的共同问题看,东方或西方智慧都无法单独消除困扰人类的生存危机,全球化时代出现的资源、能源、人口、贫困、发展、环境等一系列问题具有全球性的意义,需要人类整体面对,群力群策,共同解决。因此,只有全球文化共生互补,才能把全球引向共同繁荣。

综上所述,文化全球化的本质体现为全球文化的大规模交流和整体竞争,是不同文化的多元共生与互补。

(3) 文化全球化与人类主体意识的自觉

对共同价值的追求是人类的共同需要,也是人类文明进步的表现。从文化层面追问人存在的意义,体现了一种自觉的人类意识。人类一旦有了自我意识,都迟早要表现出对文明和进步的追求。当今世界文化全球化表现出的整体性、普遍性以及内在联系的深刻性,要求人类用一种崭新的思维方式去认识我们的世界,这种由文化全球化推动的、适应人类文化发展过程中出现的威胁和面临的危机的新思维方式就是全球意识——这种全球意识是人类主体意识自觉选择的结果,是人类主体意识的进步与发展。马克思指出:"观念的东西不外是移入人的头脑并在人的头脑中改造过的物质的东西而已。"[1] 因此人类主体意识自觉的形成不是与生俱来的,也不是人类头脑中无缘无故产生的,它是人类为了共同解决我们面临的一系列具有全球性的问题而进行的一种方法上的思考和行为上的探索,其

---

[1] 马克思恩格斯选集:第2卷 [M]. 北京:人民出版社,1995:12.

目的就是要改变以往旧的价值观和传统的思维模式，以期推动人类社会更快地向前发展。主体意识的自觉是一个历史过程，突出地体现在人类对客观规律的把握和主观能动性的发挥上，正确的主体意识通过实践可以促进社会的发展。人类主体意识的自觉是随人类社会的发展而不断发展的，在当今文化全球化的大背景下，它要求人们改变原有的社会发展和文化进步模式，把人们的注意力和关切的全部，从今天的以自我、企业和国家为中心上升到更宽广的以人类、自然和整个宇宙为中心的时空维度。人类的现实生活世界是通过文化展开的，没有文化的世界是不可想象的。同样，文化的发展进步也必将体现人类的自觉意识。当今世界出现的文化全球化，促进了世界的文化共享，不仅提高了人类文化的利用效率，而且符合人类社会文化精神的正确走向，是人类主体意识自觉选择的结果。

首先，人类主体意识的自觉进步是人类社会发展和文化全球化的客观要求。20世纪中期以来随着"欧洲中心论"的消解，世界文化开始了多元化的发展格局，文化的多元发展拓展了文化的视野，增强了全球文化之间的交流，增进了文化共识，人们越来越认识到，任何民族文化的发展都不可能在自我封闭的状态下进行。随着文化、信息交流频率的不断加快，世界变成了一个"地球村"，每个民族的发展客观上都成为世界文化发展的有机组成部分，在这种背景下，任何民族的文化实践都需在人类整体意识的关照下进行，以真正实现民族精神与时代精神的有机融合。文化全球化使信息、利益、价值共享的三重境界呈现在世人面前，各民族文化的发展只有在全球性发展意识的关照下才能展开。它要求人们突破民族、国家的狭隘视野和传统的文化思维模式，从维护人类整体利益的角度来思考和建构新文化。

其次，当今人类面临的许多全球性问题和文化全球化的出现促进了人类主体意识的自觉发展。所谓全球性问题，是指那些在当今时代具有全球性影响的并且只有全人类通力合作才能克服和解决的问题。如发展经济与政治冲突、社会发展模式和道路及不同社会制度和意识形态的冲突等问题以及随着全球大工业拓展导致的环境污染、生态失衡、人口爆炸、两极分化、核战争危险等。当人们反思人类社会发展中面临的这些困境时,认识到人类社会要进步发展,就必须检讨并转变某些与社会发展不相适宜的基本观念和价值观。拉兹洛说:"我们已经变成一个全球性的物种,在这个行星的负载能力的边缘运作。地球是一个有限的系统,空间、资源和再生能力都有限,他支付的负荷有上限。""除非人们的精神和意识进化到行星维度,否则使全球化社会和自然系统遭受沉重压力的过程将强化并产生一个冲击波,他可能危及向一个和平与合作的全球社会过渡的整个过程。这将是人类的挫败并危及每一个人。使人的精神和意识进化是整个人类大家庭共同担负的第一项生死攸关的事业。"❶ 所以,主体意识的自觉进步是人类克服当下所面临的文化威胁和文化危机的一个首要的前提,人类只有不断地提高主体意识的自觉程度,才能摆脱人类文化目前面临的困境和危险。事实也表明,这些全球性问题的合理阐释和解决,需要通过广泛的全球性文化沟通来寻求各方面的认同,这样的文化认同需要超越地域的、民族的、国家的及政治制度和意识形态的界限而达成"全球意识""人类意识"。这种文化认同与共识有如无形的动力,推动着人类文化的进步与发展。

(二)文化全球化的发展态势

文化全球化是一个长期的复杂过程,是世界文化走向共同繁荣的必由之路。那么,文化全球化究竟会呈现出怎样的发展态势?这就需要我们按照历史唯物主义的有关原理探索其源头,分析其现状,

---

❶ 欧文·拉兹洛. 布达佩斯俱乐部全球问题最新报告——第三个100年[M]. 王宏昌,王裕棣译. 北京:社会科学文献出版社,2004:149—150.

然后，对其发展前景做出实事求是的预测。

1. 文化全球化的历史渊源

文化全球化是人类社会发展到一定历史阶段的产物，探索文化全球化开始的时间，并不单纯是时间问题，而是一个判断标准的问题。按照不同的标准去衡量，就会得出不同的结论。所以，在追溯文化全球化开端之前，必须先确定一个判断开端的依据，即文化全球化的含义。根据本书前面对文化全球化的定义及实质的论述可以得知，文化全球化指的是人类精神交往突破狭隘的空间局限在全球范围内的扩展过程和事实，这种过程和事实从何时开始，目前理论界还存在争议。要弄清这个问题，我们必须回到马克思的"世界历史"理论上来。

对于文化全球化，马克思应该是对此问题做过精辟预见和深刻论证的第一人。虽然他没有直接使用过像"文化全球化"这样的术语，但他以全球性视野阐发的"世界历史"理论已经表明，他实际上洞察到了文化全球化的客观存在及发展态势。马克思的"世界历史"理论虽然与文化全球化不完全等同，但在许多方面的确是一致的，因此，他的"世界历史"完全可以作为我们对文化走向"世界文化"必然趋势的基本参照。马克思的"世界历史"思想源于黑格尔。黑格尔以其深邃的历史眼光洞察到了人类历史最终要从民族历史走向世界历史，他在讨论"世界精神"与"民族精神"时曾运用了"世界历史"这一概念。黑格尔的伟大历史感，给马克思的"世界历史"理论以深刻的影响，但黑格尔的"世界历史"是"世界精神"的自我发展和实现过程，马克思批判地继承了黑格尔这一思想，他沿用了黑格尔"世界历史"的概念，但果断地摒弃了黑格尔的唯心主义历史观。马克思从唯物史观出发，把世界历史的形成与生产力的发展联系起来，形成了以历史唯物主义为全新哲学基础的科学的"世界历史"理论。

在《德意志意识形态》一书中，马克思明确指出："各个相互影响的活动范围在这个发展进程中越来越扩大，各民族的原始闭关自守状态则由于日益完善的生产方式、交往以及因此自发地发展起来的各民族之间的分工而消灭得越来越彻底，历史也就在越来越大的程度上成为全世界的历史。"❶ 在这里，马克思就提出了"历史向世界历史转变"的著名命题。这段话清楚地向我们表明，人类历史从各民族彼此孤立的历史向世界历史的转变，不是突然出现的，而是一个渐进积累的过程，是各民族之间的交往和分工逐步扩大的产物。在《共产党宣言》中，马克思形象地描绘了随着资本主义生产方式的确立和发展，整个世界形成了相互联系的整体的生动画面："美洲的发现、绕过非洲的航行，给新兴的资产阶级开辟了新天地。……资产阶级在历史上曾经起过非常革命的作用……资产阶级使生产工具，从而使生产关系，从而使全部社会关系不断地进行革命，否则就不能生存下去……不断扩大产品销路的需要，驱使资产阶级奔走于全球各地。它必须到处落户，到处开发，到处建立联系。资产阶级，由于开拓了世界市场，使一切国家的生产和消费都成为世界性的了……古老的民族工业被消灭了，并且每天都还在被消灭……过去那种地方的和民族的自给自足和闭关自守状态，被各民族的各方面的互相往来和各方面的互相依赖所代替了。物质的生产是如此，精神的生产也是如此。各民族的精神产品成了公共的财产。民族的片面性和局限性日益成为不可能，于是由许多种民族的和地方的文学形成了一种世界的文学……资产阶级……它迫使一切民族——如果它们不想灭亡的话——采用资产阶级的生产方式；它迫使它们在自己那时推行所谓的文明，即变成资产者。一句话，它按照自己的面貌为自己创造出一个世界。"❷ 这段引文表明了马克思主义全球化理论的

---

❶ 马克思恩格斯选集：第1卷[M]. 北京：人民出版社，1995：88.
❷ 马克思恩格斯选集：第1卷[M]. 北京：人民出版社，1995：273—276.

基本立场,"世界历史"意义上的"全球化"是资本全球化,是以工业技术革命的生产力自身运动的结果,它是近代资本向全球扩张的产物。在马克思看来,正是资本的全球扩张赋予了人类历史以"世界历史"的性质。马克思认为,大工业的出现必然引起广泛的社会分工,这种分工又引起商品交换的扩大和人类交往的扩大,而商品交换和人类交往扩展到世界范围则形成了世界市场,世界市场使各个国家民族连为一体,各国文化之间先前的联系和交流发生了历史性变化,于是,各国文学或文化的发展进入了"世界文学"或世界文化的新时代。在这里,马克思将"世界市场""世界历史"和"世界文学"相提并论,看成一个相互联系的整体,并非偶然。因为他认为,这是一个不以人们的意志为转移的客观历史过程。

马克思认为,是"大工业开创了世界历史",他深刻分析了资本主义大工业生产给社会各方面带来的新变化,指出"过去那种地方的和民族的自给自足和闭关自守状态,被各民族的各方面的互相往来和各方面的互相依赖所代替了。物质的生产是如此,精神的生产也是如此"。由于"市场日益扩大为世界市场""交往成为世界交往""历史向世界历史转变",于是"由许多民族的和地方的文学形成了一种世界的文学"。他预示的"由许多民族的和地方的文学形成了一种世界的文学"的现象,实际上是预示了文化上出现全球化的可能性。

综上所述,根据马克思的"世界历史"理论,我们可以断定,全球化和文化全球化开端于现代大工业生产方式。但是,学术界有学者认为,文化全球化进程自人类文化产生以来就存在。对此,笔者认为,这种看法是混淆了两个概念,即文化全球化和文化交往。在马克思看来,正是资本的全球扩张赋予了人类历史以"世界历史"的性质,文化全球化不同于一般意义上的文化交往或文化交流,现代大工业生产方式前的各民族交往虽然也已在空间上达到全球规模,但在物质内容上是非常有限的,根本没有从生产方式和生活方式上影响各民族大多数人的日常生活。与此完全不同,真正意义上的世界历史是资产阶级的首创,它直接体现为全球生产方式、生活方式乃至思想方式的相当程度的同一性,它不仅在空间上,而且在内容、生产方式、生活方式上都具有全球规模,并且影响到几乎全球每个人的日常生活。所以,我们不能将文化全球化仅仅简单理解为文化的交往或交流。文化全球化产生于某一特定的历史阶段即现代大工业革命阶段。

2. 文化全球化的现状

文化全球化自产生以来,不断加速向前发展。时至今日,无论从广度或深度上来说,全球文化的交流与融合都达到了前所未有的程度,正是在这种意义上,我们说人类社会已经处于了文化全球化的时代。从宏观方面分析,当代文化全球化主要表现在以下两方面。

首先,文化冲突与文化融合共存并进。文化全球化是通过文化的交往实现的,而交往的过程必然伴随着文化的冲突与融合,文化的冲突与融合是一对矛盾,它们的关系是辩证统一的。从文化发展的规律来看,正是它们之间的对立与统一,推动了人类文化的不断丰富与发展。文化融合本质上是指文化之间的相互吸收和借鉴,而文化冲突则是指文化之间的差异和对立。文化的冲突是必然的,只要世界上的文化不是一种,就一定会发生文化冲突,因为任何文化都具有自己的重要特征和内核,它们的接触和碰撞必然产生矛盾或摩擦。在文化全球化的进程中,民族文化的融合趋势才是最根本的,而民族文化的冲突只是文化走向协调和融合过程中的摩擦和碰撞而已。

我们必须承认,文化冲突的根源在于文化差异性的存在。在漫长的历史发展过程中,由于各民族形成和发展的历史条件不同,所处的地理环境不同,政治制度和宗教信仰不同,实践方式和生活方式不同,形成了各民族文化的多样性和差异性。正是这种差异性的存在,才产生了相互交流和学习的必要性。而人类文明也正是在这种交流与借鉴中不断前进的。同时我们还应该看到,由于人类实践的共同性和人的本质具有的普遍性,使多样性的人类文化又具有共同性。随着文化全球化时代的到来,一方面,不同类型的文化体系之间在生活方式、生产方式和价值观念上的某种趋同化趋势会越来越明显,共同的成分会越来越多。另一方面,不同类型的文化体系在发展中也可能出现更大的差异性,甚至发生摩擦和冲突。纵观人类历史上不同地区、国家、民族之间发生过的无数的战争和冲突,从其深层历史根源上来分析,都不同程度地包括有文化冲突的因素在内。但我们也应该清楚,冲突只是各种文化体系相互关系的一个方面,而不是全部和主流。我们可以看到,在当今已经开始的文化全球化时代,人类文化呈现出前所未有的、强烈的整合现象,在某种意义或层面上,我们可以说,一种超越民族性的世界文化开始生成,它在人类的一些基本精神和价值层面上造成一种越来越有力的共同性和认同感。这样的文化交融已经在全球范围内形成了一种不可抗拒的历史潮流。因此,在文化全球化的进程中,我们既要看到各种文化之间冲突的一面,又要看到它们互通的一面。各种不同的文化体系在文化全球化进程中应该展开积极的对话和交流,在全球面临的共同问题的前提下,逐渐形成人类的共同利益、普遍价值乃至终极关怀,并以此为核心涵纳不同文化的差异性和个性,创造出一种冲突和融合辩证统一的、富有勃勃生机的全球文化发展的新局面。

随着东欧的巨变及苏联的解体,世界格局发生了第二次世界大战以来最为深刻的变化,即东西方两种不同意识形态长达40余年的两极对立、冲突基本结束,世界开始向多极化方向发展。美国学者亨廷顿认为,随着苏联威胁的消失,全球政治的冲突将出现在不同文明之间。亨廷顿将人类文化分为西方文化、儒家文化、日本文化、伊斯兰文化、印度文化、斯拉夫东正教文化、拉丁美洲文化及非洲文化八大种类。亨廷顿认为，在这八种文化的交界处，注定要发生文化的冲突。他预言，文明的冲突将主宰全球，文明之间的断层线将是未来的战争线。他说："未来全球的冲突将是文明的冲突……下次战争，如果有的话，那将是文明之间的战争。"❶ 亨廷顿的观点引起了人们广泛的关注与评论，但是，他明显夸大了不同文明间的摩擦与冲突，忽视了不同文化间的沟通与融合。不可否认，伴随着世界向多极化方向发展的趋势，文化的冲突问题日益突出，有时甚至是比较尖锐的，但同时我们也应该看到，文化的差异与冲突恰好是文化交流与融合的前提，人类文化发展的趋势应该是在冲突中走向融合。

其次，文化趋同和文化分离两种相反趋势都在不断增强。文化全球化为各民族文化的传播、交流和融合提供了前所未有的机遇。由于人类需求本质的相类似，决定了其价值观的一致性，也就决定了他们对融入全球化的需要。文化全球化以市场化统一民族生活的差异性，它打破了民族文化相对孤立的封闭状态，并激活了本土文化，从而文化的趋同性在不断增强。然而，与此同时，各民族文化的独立性也比以往任何时候都得到了加强，因为，文化的全球趋同性对民族的独特生活方式形成了强烈的冲击和挑战，它消解着各民族文化的个性，因此，为了不至于在全球化中消失自我，各民族对自身产生过重大影响的本土文化的依恋感反而增强，面对强势文化的压力，弱势文化更加看重自己的民族性，于是激起了不同民族对本土文化的执着和兴趣，导致了民族主义情绪的高涨。萨义德认为："显然，各个国家、美国也好、法国也好、印度也好，都教育自己的

---

❶ 亨廷顿. 文明的冲突与世界秩序的重建 [M]. 北京：新华出版社，1998：155.

学生将自己国家的文化经典置于其他国家的文化经典之上，让他们不假思索地喜爱和捍卫本国文化传统，对于外国文化加以贬低和排斥。"❶ 罗西瑙也认为，随着全球化的推进，"收缩边界的本土化的动力也变得越来越不可忽视了，这部分是因为这些民族和文化认为受到了全球化侵犯的威胁。……全球化确实在侵犯、破坏传统的规范、习俗。"❷ 由此可见，当前全球文化呈现出了不同民族文化的日益趋同与日益分裂并存的局面。对此，美国著名学者弗朗西斯·福山认为："在当代世界，我们看到一种奇怪的双重现象：一边是普世的大同世界的胜利，一边是各民族依然存在；一方面现代经济和技术以及理性认同作为世界唯一的统治合法性基础的理念在普及，使人类不断地同化；另一方面到处都在重新确定（至少在政治层面上）抵制这种最终会强化人民和民族之间隔绝的文化价值。"❸ 当今，文化全球化与文化本土化之间的矛盾构成了世界事务的核心。全球化与本土化的冲突表现为全球化对本土化的冲击以及本土化对全球化的抗衡，全球化强烈地冲击着本土化，本土化则顽强地抗衡着全球化。一方面是全球价值的趋同，另一方面是民族文化的自我认同与复兴。这两股相反的力量使全球化与本土化的矛盾更加突出，未来全球文化的发展趋势将取决于两者的互动关系。如何处理好两者之间的关系，确实是一个世纪性的难题，值得我们认真考虑。

3. 文化全球化的前景展望

面对文化全球化加速发展形势，各民族国家都在积极地思考：民族文化在文化全球化中将何去何从？文化全球化究竟要朝什么方向发展？对这些问题的回答，不但有助于进一步把握文化全球化的

---

❶ 爱德华·萨义德. 文化与帝国主义 [J]. 马克思主义与现实，1999（04）.

❷ 詹姆斯·N. 罗西瑙. 全球化的复杂性与矛盾 [M]//全球化与世界. 北京：中央编译出版社，1998：210.

❸ 弗朗西斯·福山. 历史的终结及最后之人 [M]. 北京：中国社会科学出版社，2003：276.

发展规律，而且还有助于各民族文化更快更好地建设。对此，本书按照文化自身发展的规律并结合马克思的"世界历史"理论，对这些问题尽量做出极尽科学的分析和展望。

首先，全球文化的多元互补将长期存在并推动着世界文化的共同发展。世界文化是不同区域形成的各种文化形态的总和，文化多样性是人类文明的重要特征。文化多样性的根源是文化的民族性，任何民族的文化，都有其自身的长处与不足，在文化的交流过程中，其他民族的文化犹如一面镜子，反射出本民族文化的优点和缺陷，从而引发各民族对自身文化的认识与反思。同时，各民族文化在交流接触过程中，既有矛盾、对立的一面，又有相互补充、和谐互助的一面，它们之间在不断的碰撞、吸收与融合中形成新的文化因子，这种新文化具有若干不同文化的成分，但又绝不是这些成分的简单相加。正是这种新文化的不断涌现，推动了人类文明进步与发展。文化的多元发展是历史的必然趋势，也是世界文化走向共同繁荣的必由之路。因此，在文化全球化的过程中，只有尊重文化的多样性，才能使人类文明得以发展。如同生物多样性对于自然界的重要性一样，文化多样性对于人类社会具有永恒的价值。

从理论上讲，多元文化的交流有利于各民族文化取长补短，互为促进，使个体的文化更能适应社会的发展和需要，然而，当今的事实是，文化全球化带来的文化间的交往是不平等的。发展中国家在文化交流中明显地处于一种被动适应的位置，而西方文化借着文化全球化的大潮以难以遏止之势蜂拥进入非西方国家，对这些国家民族文化的存在与发展构成了严重的威胁。于是，文化霸权主义和文化相对主义两股潮流并行而生。文化霸权主义完全代表了西方国家的文化价值观，它是当今以美国为主的西方国家借用其强大的经济和军事实力以及文化影响力自觉不自觉地推行的一种全球文化战略，其目的是企图以西方强势文化一统天下，使文化的多样性失去真实的意义，文化霸权主义与世界文化发展的多样化趋势是相反的，是对文化多元化的强烈挑战，其实质就是以西方或美国为中心的文化一元论；而文化相对主义是从发展中国家兴起的，矛头直接指向文化帝国主义。文化相对主义承认所有民族文化的独特价值，它赞赏文化的多元共存，反对用一种文化体系的价值观念去评判另一种文化体系。这种观点认为，任何文化都有其存在的价值，都应受到尊重，文化的独特性和不可重复性决定了文化的不可比性。文化相对主义要求返回并发掘"原汁原味"的本土文化。文化相对主义最终只会导致文化发展的封闭和排外。这两种观点都是错误的，我们必须坚决予以反对。我们应该看到，西方发达国家的文化虽然在当今的文化全球化中暂时处于强势地位，但在文化全球化进程不仅是这种强势文化向弱势文化的扩张，也存在着弱势文化对强势文化的反扩张，同时文化全球化进程中的文化交往还存在着由弱势文化向强势文化的反向传播，把全球化看作诸多国家屈从于不可抗拒的霸权文化的观点就太简单化了。文化全球化绝不意味着是一条单行道，这一进程展现的是不同文化的高度互动。西方文化在当今世界的强势地位并不意味着它就代表未来文化发展的方向。因为，强势文化不一定就是先进文化，弱势文化也不一定就是落后文化，只有那些顺应社会发展趋势并能够适应全球化经济、政治要求的文化才是真正优秀的文化。西方文化更不可能是万能的，它虽然有自己的优势，但也有自己难以克服的矛盾，因此，它永远不可能代替其他文化的独特功能，那种用西方文化一统天下的幻想是永远都不会实现的。但是，我们在警惕和抵制西方文化霸权主义的同时，也要批判地看待文化相对主义。文化相对主义显然是走向了文化发展的另一个极端，它只强调本土文化的优点而忽略了本土文化的缺点，只强调本文化的纯洁，而忽略了不同文化之间的交往和借鉴。如果完全认同文化相对主义，就会否认某些人类共同的价值标准，从而导致认可某些给人类带来重大危害的负面文化现象的存在。如按照这样的观点，日本军国主义和德国纳粹的文化观似乎也应该有其生存和发展的价值。文化相对主义发展到极致，其后果必然是导致文化倒退主义和文化孤立主义，如果任其泛滥，必将会对世界和平与人类文化的进步造成极大的危害。文化相对论者应该顺应人类文化前进的趋势，摆正自己在文化全球化中的位置。虽然在一定历史阶段内，由于受自身经济与政治在世界体系中弱势地位的制约与影响，发展中国家的文化还不能取得与西方强势文化平等的地位，但只要这些国家放弃文化相对主义的立场和观点，大力发展综合国力，积极主动地融入文化全球化进程中，就能不断地取得更大的发展空间，进而在文化全球化的进程中发挥越来越大的作用，各民族文化也才能在平等交流的前提下愈益成为"共同享受的东西"。

综上所述，正如多样性是自然界生物进化与发展的一个最基本的特性一样，多样性同样适合于世界文化的演进，在人类文化发展的进程中，不同文化的相互补充成为文明进步的主要动力之一，也成为全球文化发展的最基本特征。文化多元并存与共同发展是世界的福音，因此，世界文化的多元发展与互补是文化全球化发展的大趋势。

其次，文化全球化将在共产主义社会最终得以真正实现。本书认为，在当今社会，"文化全球化"已经形成，但并未完成。也就是说，我们已经处于文化全球化的进程中，但真正的全球文化还远未实现。马克思预见的，"由许多民族的和地方的文学形成了一个世界的文学"，指的是一种历史趋势，而不是当今已经完成了的现实。马克思的全球化思想，是与当时的资本主义制度紧密联系在一起的。从文化全球化的产生及其发展的过程来看，文化全球化是西方通过资本主义文化的扩张而不断为自己开辟道路的。历史向世界历史的转变,是资本主义社会发展的产物。从文化全球化产生至今,资本主义文化一直处于强势地位,西方发达的资本主义国家凭借其强大的经济和军事实力,企图把"西方文化"变成世界各民族"公共的财产"。他们认为西方文化是最优越的文化,因此,他们的价值观念和行为模式最适合全世界。这种霸权行为对文化的多元共存和发展构成了极大的挑战,削弱了人类文化的多样性,阻碍了人类文化的发展,所以,虽然文化全球化是由西方资本主义文化开启的,但是在资本主义全球化时代,各民族文化多元互补平等交流的"全球文化"却不能最终实现。之所以如此,根本原因就在于全球化的发展从本质上说是同资本主义制度相冲突的。"单是大工业建立世界市场这一点,就把全球各国人民,尤其是各文明国家的人民,彼此紧紧地联系起来,以致每一国家的人民都受到另一国发生的事情的影响。此外,大工业使所有文明国家的社会发展大致相同,以致在所有这些国家,资产阶级和无产阶级都成了社会上两个起决定作用的阶级,它们之间的斗争成了当前主要的斗争。因此共产主义革命将不是仅仅一个国家的革命,而是将在一切文明国家,至少在英国、美国、法国、德国同时发生的革命……它是世界性的革命,所以将有世界性的活动场所。"❶马克思认为,全球化把资本主义的生产关系的发展推到了顶点,同时也把资本主义的矛盾推向了顶点,随着社会生产力的发展,资本主义所有制关系再也不能容纳自身所创造的财富。全球化的充分发展必将冲破资本主义制度本身,从而把人类推向共产主义,用共产主义的文化全球化取代资本主义的文化全球化。共产主义文化是对资本主义文化的超越。只有当人类社会进入共产主义世界历史时代,各民族文化才能够在真正平等的条件下相互交流和相互渗透。在各民族文化平等、长期融合的基础上,文化全

---

❶ 马克思恩格斯选集:第一卷[M].北京:人民出版社,1995:241.

球化最终得以真正实现。当然，这种文化全球化仍然是以民族文化的多样性为前提的，它是各民族富有生机文化的多元互补与统一。

文化全球化的最终实现会是一个漫长的过程，在此过程中，正在形成中的共产主义文化与资本主义文化之间的博弈将会长期存在，而文化全球化也正是在它们的相互作用中逐步形成的。

二、文化全球化对中国文化自信构建带来的挑战和机遇

中国作为民族国家中的一员，其发展壮大当然不能回避也不能超越文化全球化的参与过程。在积极融入文化全球化的同时，我们要正确认识文化全球化的态势，对文化全球化给我们带来的机遇与挑战保持清醒的认识，制定并检验我们的应对策略，这对中国特色社会主义文化自信的构建和发展具有重要意义。

（一）文化全球化对中国文化自信构建带来的震荡和冲击

在文化全球化的进程中，文化全球化对民族文化自信带来震荡和冲击是在所难免的。这是因为，一方面，面对扑面而来的在"全球场"范围内形成的"新文化"，各民族原有的原汁原味的文化必然会对其做出不同的反应、选择和认可，从而可能引发文化的冲突；另一方面，不同民族在文化全球化进程中由于力量对比的差异，导致了发达国家利用其强势文化对不发达国家推行"文化霸权"，从而对民族文化自信造成震荡和冲击。显然，第一种冲突是"自然的"冲突，第二种冲突则是"人为的"冲突。由此也可以看出，文化全球化在"化"的进程中，必然会对民族文化自信产生一定的震荡和冲击。面对汹涌而来的文化全球化大潮，绵延五千多年从未间断的中华文化也面临着前所未有的冲击和挑战，对于异质文化特别是西方强势文化的渗透和侵蚀，我们不可不深思之。

1. 文化全球化的背后隐藏着超级大国的强势文化扩张

冷战结束后，以美国为首的西方国家调整战略，积极推行文化扩张，他们把推行文化霸权作为实现根本利益的一种重要手段，企图把所有非西方文化都纳入自己的文化体系之中。其实，西方国家试图用他们的价值观念来改变世界的主张由来已久，只不过在今天，他们的方式更隐蔽、采用了更多的新形式而已。马克思恩格斯当年曾指出："迫使一切民族——如果它们不想灭亡的话——采用资产阶级的生产方式；它迫使它们在自己那里推行所谓的文明，即变成资产者。一句话，它按照自己的面貌为自己创造出一个世界。"❶

西方超级大国推行文化霸权的基础是强大的经济、政治和军事实力。凭借这些实力，这些国家把他们的触角伸向了世界的各个角落，他们根本无视其他民族文化独特的信条和价值，将西方文化等同于人类文化，赋予西方文化以放之四海而皆准的普适性，将全球化等同于西方化，不惜一切代价地推行其对外文化扩张政策。他们的对外文化战略手段是多种多样的。首先，通过制定和实施有目的、有计划的文化战略来实现对外政策目标。美国等西方国家一直将文化权力作为实现其国家利益的重要工具。早在第二次世界大战末期，美国在其制定的对外文化关系纲要中就认为，"美国的文化思想和文化概念，包括它的所有弱点和缺陷，都必须成为战后秩序的基础，""战后世界将要求美国在文化上，如同在政治和经济上一样，在全世界担负起领导责任"。❷ 冷战期间，杜勒斯指出：西方国家要同社会主义国家"进行一场思想战"。美国政府也认为，"若要在这场冷战中赢得胜利，除了武器和金钱外，还需要思想输出"，需要"美国的

---

❶ 马克思恩格斯选集：第 1 卷 [M]. 北京：人民出版社，1972：276.
❷ 弗兰克·柯维奇. 美国对外文化关系的历史轨迹 [J]. 编译参考，1991（08）.

文化外交"❶。1950年,美国"国家安全委员会"还批准通过了NSC68号文件,把宣传工作与军事、经济、资源并列为"安全政策"的重要组成部分。其次,西方超级大国凭借其雄厚的经济实力,在文化宣传方面投入的人力、物力、财力的数额是惊人的。早在冷战时期,美国政府在文化宣传方面的投资每年就已高达数十亿美元。美国的许多大财团还创建了数以万计的形形色色的基金会,广泛引进吸收来自第三世界国家和社会主义国家的高层次人才到美国接受西方式的教育,并将培养的重点放在青年人身上,以加深他们对美国民主制度的认识为根本目的。最后,充分利用各种先进传播媒体,规模宏大、方式多样、无孔不入,其方式主要有:对外广播、电影和电视宣传、新闻和图书出版、体育和艺术交流、卫生与科技合作等。美国是当今世界上传媒最发达的国家,其媒体覆盖全球,它用100多种文字向全世界的100多个国家和地区昼夜发布新闻;独家全球性的新闻电视节目CNN就在美国;美国之音对世界影响之大尽人皆知;在世界文化市场中,美国的文化产品所占的份额居全球第一。美国著名电影导演达利尔·柴纳尔称好莱坞电影是"铁盒里的大使",他说得很露骨,"这些圆盒子里装有卷得很紧的一卷卷印着美国电影制片者思想、想象和创作才能的走遍世界的影片。我相信,美国影片是对共产主义最有效的摧毁力量。"❷综上可以看出,所有这些传媒都承载着美国的价值观念、文化信仰和思维方式,其在向世界各地传播的过程中,使别国人民有意或无意地认同和接受着美国文化,给其他民族国家带来了文化危机和民族危机,致使其他民族国家的民众对本民族的文化及其价值观发生怀疑和动摇,这对各国的文化安全和文化自信造成了直接的威胁。事实上,这同帝国主义用武力征服别国的本质是一样的,同属殖民主义的"入侵"行为。

---

❶ 刘永涛. 文化与外交:战后美国对外文化战略透视[J]. 复旦学报, 2001(03).
❷ 柳静. 西方对外战略策略资料(第1辑)[M]. 北京:当代中国出版社, 1992:29.

某些西方学者一针见血地指出:"一件有利于理解文化全球化性质的新奇事物,即资本主义卖的不仅仅是商品和货物,它还卖标识、声音、图像、软件和联系。这不仅仅将房间塞满,而且还统治着想象领域,占据着交流空间。"❶

在文化全球化的进程中,西方超级大国的文化扩张和侵蚀,不仅影响了其他民族国家经济文化的发展,而且也直接关系到了其他民族国家的生存。马来西亚领导人说,"全球化会使人们接触到各种不同的文化,但它也导致西方文化中最肮脏、最无价值、最颓废的东西在非西方社会泛滥成灾,使本土文化岌岌可危。一些国家的本土文化很有可能消亡,或被西方文化取而代之。"❷ 对中华民族的文化而言,这种扩张和侵蚀还直接地冲击着我国文化的社会主义性质。苏联解体后,我国成为少数社会主义国家的代表,以美国为首的西方资本主义国家将和平演变的锋芒直接转向中国和其他几个社会主义国家。他们打着自由、民主、人权等招牌,企图利用文化等因素对我们发动"无硝烟的战争","终结"世界社会主义的进程,这无疑对我国的社会主义文化自信造成了一定的震荡冲击,对此,我们应该保持清醒的认识,识破超级大国的文化阴谋。如今,美国等国所采用的粗暴的文化侵略的做法已经遭到了全世界越来越多的人民的反对。文化全球化的实质是文化的多极化和多样性的存在,因此,在美国等超级大国的文化价值观已经越来越表现出致命缺点、全球文化更加走向多元化的今天,超级大国文化扩张的图谋只能是某些人的一厢情愿的主观愿望而已。

2. 文化全球化使民族文化被同质化的趋势愈演愈烈

文化全球化对世界各国文化的影响是极其深刻的,在文化全球

---

❶ 阿兰·伯努瓦. 面向全球化[M]. 王列、杨雪冬. 全球化与世界,北京:中央编译出版社,1998:10.
❷ 巴达维. 全球化的风险及前景[N]. 参考消息,2000-06-26.

化的进程中，最显著的表现就是民族文化被同质化之势愈演愈烈。文化同质化指的是在全球性的文化交往中，不同民族和国家文化间的共性不断扩大的状态。工业革命以来，在经济全球化进程的推动下，各民族和国家文化间的共性越来越多，例如，一些服装款式在世界范围内已经大面积趋同。西方的西服和牛仔裤、韩国的休闲服已经成为全球年轻人的日常服饰；一些知名服装品牌，如英国的登喜路、美国的卡尔文·克莱恩、法国的香奈尔等早已风行全球、尽人皆知；当今世界各国在文学、音乐、电影等方面也都出现了一致性，好莱坞大片受到大部分国家青少年的欢迎和喜爱，乡村音乐、摇滚乐冲击着中国市场，英语成为全球性的语言等。这说明在全球化趋势下，各国、各地的文化在现象和形态上的共同处越来越多。

　　文化同质化现象的出现，主要是由以下几方面的原因造成的。首先，市场经济的全球性发展为文化同质化提供了基础。全球市场经济体制的确立，使各民族文化的生产、销售、消费等逐渐接受共同的规则和方式，各民族在文化的运作机制上越来越接近和类似，这就为一些思想观念、规则制度等的同质化提供了一定的基础。其次，现代机器大工业标准化的生产方式是文化同质化出现的根本原因。随着机器大工业的出现，标准化的生产规格和生产流程也出现在了文化生产方面，大工业大规模的、批量化的、标准化的生产方式创造了千篇一律的商品，导致了不同民族文化的同质化。再次，大众文化的全球蔓延加剧了文化同质化的趋势。当今，无论在哪一个国家的影视、杂志、音乐、广播、网络上，以商业和娱乐为主要形式的大众文化产品已经到处可见。大众文化的全球流行，不仅对主导文化和精英文化造成了一定的冲击，而且也加剧了文化的同质化。最后，文化霸权主义和文化殖民主义别有用心地推动着文化同质化的更快发展。20世纪80年代以来，越来越多地贴着美国商标的商品冲击着世界文化市场，这些反映着超级大国的文化和价值观、

倡导着西方社会生活方式的东西对发展中国家的人们尤其是年轻人产生了重大影响,这些影响已对一些国家的社会、政治、法律等文化价值观构成了严重威胁。综上所述,文化同质化是多种因素综合作用的结果,其中既有客观的必然因素,也有主观的人为因素。对于文化的同质化,我们既不能把它等同于全球文化的单一化,更不能把其等同于文化的殖民化,对此,我们应当对其进行具体分析。

对于当今民族文化被同质化愈演愈烈的趋势,我们应当保持清醒的头脑。在文化全球化的进程中,我们首先要承认文化的同质化现象是绝对会存在的。因为人类社会的发展是有规律的,而各民族和国家的发展又不可能脱离世界发展的一般规律,所以各民族和国家在文化发展中趋向共性也是在所难免的。但是,文化的绝对同质化又是不可能的。因为文化从其具体性而言都是独特的,文化是一个民族智慧的体现,是一个民族在长期的历史发展过程中在社会心理、价值观念、道德规范、思维模式、审美情趣等方面的积淀,也是一个民族在特定领域内和特定历史条件下的创造成果。因此,相对于本民族的发展生存而言,这种文化在世界上是独一无二的,具有其他文化所无法取代的功能。基于此,从本质上说,各民族对其他民族文化的选择都不是无条件的,而是有目的的。所以,文化不可能完全被同质化。但是,我们也看到,在如今文化的全球化传播的过程中,文化的交流是不平等的。首先是文化交流者地位的不平等。某些发达国家是说话者、教育者,其他国家则是被教者、学习者。说话者要大量地讲述"真理",听者要主动或被动、情愿或不情愿地接受它。其次是交流者语言的不平等。文化交流和对话往往是以某些发达国家的语言为基础的。在当今世界,西方的语言在世界文化圈中具有支配性的地位。在某些发达国家文化话语的主导下,西方的文化语言成了世界文化交流的对话语言。由于发达国家在文化交流中具有的这些绝对优势,使当今世界的文化交流几乎变成了发达国家的文化产品大量地向发展中国家的单向倾销,美国等西方国家的商品充满了世界的各个角落,各国各地区的民众有意无意地、自觉不自觉地接受和认同着美国等西方文化,甚至向之看齐。这样的文化趋同直接导致各国各民族独特的文化个性的消解,削弱了各民族国家文化自主的能力。这种文化倾销造成的文化同质化现象,对我国现代化建设造成了一定的威胁,同时也是我国的文化自信建构面临的现实问题。

不可否认,随着文化全球化的加速发展,我们的世界将会越来越相互依存,各民族的文化共性也将会越来越多。但是,我们也要清楚,当今正在进行的文化全球化,从根本上说,既不是要造成文化的完全同质化,抹杀不同民族文化的个性,也不是要造成各民族文化彼此隔离,孤立发展,而是要在不同文化的对话和融合中,从不同民族文化的多样性中提升出最具人性的、最赋予生命真谛的人类共性,创造出一种普遍性和特殊性辩证统一的、富有活力的、丰富多彩的新型文化。各民族国家向往的全球文化应该是一种道德力量,这种道德力量既不应该是对各民族国家文化的发展下达的千篇一律的法令,更不应该是超级大国文化居高临下的宰制,而应该是各民族国家在彼此共同面临的问题的作用下,逐渐形成人类的共同利益、普遍价值乃至终极关怀,并以此为核心涵纳不同文化的个性。这样的文化需要各民族国家"从自己切身的文化关怀出发,培养像托尔斯泰、爱因斯坦和甘地这样的博大胸怀,在这种被种族、宗教、语言、文化分裂及破坏的世界上,面对人类共同的问题和困境,不但负起对自己的命运,而且也负起对全人类命运的道德责任"[1]。这种文化将积淀成我们人类文化最精华的部分,同时也是文化全球化的最终驶向和归宿。

---

[1] 王缉思. 文明与国际政治:中国学者评亨廷顿的文明冲突论 [M]. 上海:上海人民出版社,1995:320.

3. 文化全球化对我国意识形态造成巨大的冲击

文化全球化确实给我们带来了新境界、新视野，使我们融入了全球现代文化发展的大潮流，但是，以资本主义为主导的文化全球化在给我国现代化建设带来广阔发展空间的同时，也为西方资本主义国家对我国进行意识形态传播和渗透提供了有利的条件。以美国为首的西方国家利用他们在文化全球化中的优势地位，加紧对我国进行文化渗透，使用各种手段对我国实施"和平演变"阴谋，致使当今我国的社会主义意识形态建设面临着巨大的冲击。

当今文化全球化的大背景，为西方资本主义国家对我国进行意识形态渗透提供了极其便利的途径。首先，现代高科技和信息网传播技术的发展，使全球的信息共享和咨询交流变得快捷又方便，这同时也为西方资本主义国家的文化渗透创造了条件。西方国家对我国进行文化渗透的花样不断翻新，手段多种多样：借助电影电视、书籍报刊等文化产品，尤其是借助互联网这一超时空的、立体的和全方位的信息传输方式，使他们的文化轻而易举地传入中国；以各种诱人的广告将其生活方式、消费观念和价值取向传入我国；用"慈善""援助""对话"等方式将其意识形态灌输给我国等。其次，改革开放之后，由于我国实施全方位的对外开放政策，西方文化以前所未有的规模大量传入了中国。对于外来文化，我们一贯是取其精华，去其糟粕，但是，发达国家在向我们输出资本和高新技术的同时，也输出了他们的社会制度、价值观念等意识形态，这无疑会对人们价值观、人生观产生一定的影响，而这一切往往又是在人们的无意识中进行的。即使是那些不是直接进行意识形态灌输的文化产品和商品，也会使人们在享用和消费的过程中，不知不觉地形成一种对西方文化的羡慕与追求，进而形成一种对西方文化的认同。西方国家的"和平演变"战略在我国已经造成了一定的影响：民族虚无主义泛滥；民族自豪感、自信心丧失；享乐主义、拜金主义和极端个人主义出现；对社会主义信念的动摇等。对此，江泽民同志说，"现在，有的人只看到我们与西方发达国家在物质生产和生活水平上的差异，就以为一切是外国的好，对外国盲目崇拜，对祖国妄自菲薄""历史上遗留下来的殖民文化的影响，也在一些地方沉渣泛起，这必须引起我们高度的重视。"❶ 西方资本主义国家对我国进行意识形态渗透的最终目的就是要颠覆我国的政权，改变我们的社会制度。对此，我们必须清醒地认识到这种"和平演变"手段带来的危害，并对此采取积极有效的措施予以应对。

　　面对文化全球化对我国意识形态造成的冲击，我们必须对西方的意识形态渗透保持高度的警惕，不断创新意识形态工作，把我们的文化交流提高到一个新的水平，走出一条有中国特色的社会主义意识形态的自强之路。

　　首先，我们要加强社会主义核心价值体系建设，强化人们在人生观、价值观和世界观上对共产主义的坚守及对共产主义信仰的终极意义，增强社会主义意识形态的吸引力和凝聚力。习近平总书记指出："培育和弘扬核心价值观，有效整合社会意识，是社会系统得以正常运转、社会秩序得以有效维护的重要途径，也是国家治理体系和治理能力的重要方面。"❷ 随着文化全球化的迅速发展，不同意识形态之间的碰撞将会更加激烈，面对西方资本主义国家的文化扩张和思想渗透，我们只有建立起以社会主义核心价值体系为内核的先进意识形态，才能为我国的现代化建设打下牢固的基础。意识形态工作做好了，就能解决思想上的盲目与浮躁、困惑与彷徨，就能避免在文化全球化中陷入被动和迷茫。要增强社会主义意识形态的吸引力和凝聚力，就要大力进行理论创新，在解决实际问题的过程

---

❶ 江泽民在中共十四届六中全会闭幕会上的讲话［N］．中国教育报，1997-05-12．
❷ 习近平．把培育和弘扬社会主义核心价值观作为凝魂聚气强基固本的基础工程［N］．人民日报，2014-02-26．

中不断丰富和发展马克思主义，推进马克思主义的中国化、时代化。

其次，在思想文化交流方面，我们要认清当前我国的国情，坚决反对部分人对西方国家的政治文化和意识形态的盲目追随。在中外文化交流中，思想文化方面的交流是最重要的也是最危险的部分。西方商品和文化产品的进入，往往带有有强烈的心理暗示作用，并使西方的拜金主义、享乐主义和个人主义等思想观念不断渗入，形成了对我国意识形态的强烈冲击。我们应该看到，西方国家始终不会放弃对我国进行"和平演变"的图谋，因此，对于西方的文化思想，我们绝不能盲目引进不符合我国国情的东西。否则，我们自己反倒成了西方国家对我国实施"和平演变"的帮凶。

再次，在文学艺术交流方面，我们必须把健康的和不健康的、低俗的和高雅的、纯艺术的和包含政治倾向的文学艺术作品区分清楚，坚决切断西方国家向我国进行意识形态渗透的任何路径。在此前提下，我们要从提升中华文化竞争力、推动世界文化发展的高度，认真思考总结中外文化交流过程中经验教训，积极地推进中外文学艺术交流的健康发展。

最后，在宗教文化方面，我们采取"自治、自养、自传"的方针，坚决反对任何国外敌对势力对我国宗教事务的干预。我们既要与国外进行正常的宗教交流，又要保持相对的独立性。我们应该清楚，西方宗教对我国的渗透将会是深入而持久的，他们企图通过挑动宗教教派对立、资助宗教团体、发展宗教教徒等方式，麻痹我国国民的思想意识，在我国国内制造民族分裂事端，从而对我国社会主义的意识形态造成冲击。因此，坚持中国的宗教事务由中国人自己来办，反对外国敌对势力对我国宗教事务和宗教团体活动的干涉和控制，已成为我国各宗教团体遵循的一个共同原则。当然，我们不会排斥在平等友好的基础上与世界各国宗教组织和宗教界人士进行交往。既坚持平等友好的中外宗教交往，又坚决抵制境外敌对势力利用宗教进行渗透,这才是我国在宗教方面对外交流的原则立场。

总之,在当今文化全球化的背景下,只要我们在意识形态建设方面,高度重视、积极应对、策略得当,就能有效地阻止国外敌对势力对我国的渗透和颠覆活动,从而使我国的社会主义意识形态立于不败之地。

(二) 文化全球化给中国文化自信构建带来的机遇

文化全球化打破了民族和国家间的界限,提高了文化资源在全球范围内优化配置的效率,推动了整个世界文化的发展,这无疑对我国的文化自信构建带来了前所未有的发展机遇。

1. 全球性文化交流拓宽了中国文化发展的空间

文化全球化突破了传统文化仅仅局限于民族国家内部的狭隘视野,拓宽了我国文化交流的空间,为我国的对外文化交流提供了更广阔的平台,推动了我们从全球化的视角来重新审视我国的文化建设问题。在坚持维护世界和平、促进各国共同发展的对外政策的前提下,我们积极主动地参与到了文化全球化的进程中,与国外文化进行了广泛的交流与合作。当今,我国在国际文化的大舞台上好友如林、结缘广泛、协和四方,这无疑为我国更好地进行社会主义文化建设提供了重要的前提和条件。

中国和欧洲的文化交流近年来开展得如火如荼,在双方的共同努力下,交流领域不断扩大,前景一片光明。近年来,中国与欧盟的15个国家分别签署了年度文化交流计划和文化合作协定,欧盟委员会文化和教育委员及欧盟十多个国家的文化领导人相继访华。互办国家文化年,已经成为中国与欧洲许多国家进行文化交流活动的重要形式,当今,国家"文化年"已成为中欧间文化交流领域的一个热门词汇。继2003年至2005年中法间长达三年的文化盛会之后,

2006年,"俄罗斯年"也火热开办。在中俄文化年举办期间,我国参与人数达50多万,举办活动200多项,观众达几亿人,掀起了国内的"俄罗斯热"。2007年,"西班牙年"等国家年活动继续开展。文化年的举办,不但为欧洲友人了解中国文化提供了有效的途径,同时也为中国人近观欧洲各国文化提供了难得的机会。"意大利年"的举办,为中国公众了解意大利的文化及其生活方式提供了很好的机会,其间举办的活动有数10项之多。2019年4月21日,中国·赞比亚文化年在北京天桥艺术中心隆重举办。国家文化年活动的开展,加深了中国与非洲国家间彼此的相互了解,增进了彼此间的友谊。

  文化交流是中美之间非常重要的一条纽带,近些年,中国与美国间的文化交流呈现出了十分活跃的局面。1997年江泽民主席的访美,改善了中美两国在各个方面的关系,中美文化交流频繁举行。2003年,温家宝总理在哈佛大学做了题为"把目光投向中国"的演讲,在演讲中,他提出了"双方加强广泛的文明对话和深入的文化交流"的倡议,并签署了《中美文化交流协定2004—2006年执行计划》,使两国的文化交流得到了更好的保障。2005年,"中国文化节"举办。中国每年都到美国进行一些高水平的艺术演出和展览活动,与此同时,美国的许多知名艺术团体也纷纷来华进行艺术演出。这些艺术交流在中美关系中发挥了独特的作用。2017年9月28日,首轮中美社会和人文对话在华盛顿举行,刘延东副总理和美国国务卿蒂勒森共同主持。首轮中美社会和人文对话发表了联合声明,并通过《首轮中美社会和人文对话行动计划》。从中美两国交往的历史观察,人文交流始终在中美关系发展过程中扮演着重要角色。中美人文交流不但加深了两国人民对于彼此的理解和认同,而且提升了中国的国际形象和软实力。

  中国和韩国的文化交流近年来发展迅猛。"中韩文化交流年"

2007年如期举办,各项文化活动丰富多彩。其间既有中韩双方联合举办的活动,如中韩歌会、中韩大学生饮食文化交流展、中韩传统服饰展等,也有韩国单独举行的一些文化活动,如韩国电影展、韩国传统饮食文化展等。2019年12月10日,首尔中国文化中心举行成立15周年庆祝活动,首尔中国文化中心是中国在亚洲开设的第一家中国文化中心,也是在海外设立的第六家中国文化中心。15年来,首尔中国文化中心为推动中韩两国文化交流合作、增进两国人民相互理解、夯实中韩友好的民意基础发挥了积极作用。近年来,在中韩两国文化部门的共同努力下,双方的交流已经由官方主导扩大到了民间的广泛参与,交流形式也更加多样化。两国丰富多彩的文化交流给双方的国民都带来了新鲜的精神享受。

中国和日本的文化关系呈现出崭新的发展局面。近年来,中日两国的文化交流呈现出多层次、多形式和官民并举等新局面,文化交流的范围遍及各个领域,其数量之多、范围之广、规模之大在中日交流史上是前所未有的。2007年3月,日本驻华使馆举行了2007"中日文化体育交流年"活动,此后的整整一年,两国都不断推出了各种交流活动。近年来,为贯彻落实习近平总书记关于"推进国际传播能力建设,讲好中国故事,展现真实、立体、全面的中国"的指示精神,我们策划开展了一系列丰富而卓有成效的文化交流活动。2019年7月15日,为响应亚洲文明对话大会提出的"深化文明交流互鉴"号召,由广州市人民政府主办的"初心匠心"中日韩文化交流故事会在广州举行。2019年9月21日,中日文化交流与传播研讨会在青岛举办,等等。中日之间的文化交流,为搭建中日文化互通共融的友好桥梁发挥了积极作用。

此外,中国当然也与世界其他国家进行了广泛的文化交流,这些文化活动宣传了中国的国家形象,增进了中国与其他国家的相互了解,扩大了中国的视野。

从当今世界的发展趋势上看，今后，中国的对外文化交流将会更加频繁，交流空间也将会进一步扩大。这是因为，一方面，文化全球化的程度将会越来越高，各国的联系将越来越紧密。另一方面，中国要进行现代化建设，就必须参与到文化全球化的进程中。这两方面的现实情况决定了21世纪的中外文化交流无论在广度或是在深度上都会是历史上任何一个时期都无法比拟的。毫无疑问，中国的现代化就意味着要走向世界，我们现代化的程度越高，与世界的联系就会越多，中国是一个文化包容性极强的国家，伴随着我国国家实力的增加，我们将会用更加博大和宽广的胸怀去拥抱世界文化，构建起更坚定的文化自信。

2. 全球性文化交流给中国文化建设注入新营养

在人类发展史上，文化的交流与融合历来都是各民族文化发展的强大动力。欧洲文化之所以发展到今天仍然具有旺盛的生命力，原因就在于它能够不断地从外来文化中汲取营养，从而使自身不断地得到更新和进步。同样，中国文化要想登上人类民族文化的高峰，就需要我们在与其他民族的文化交流中不断地学习和吸收他们的优秀文化成果，从而不断地为我国文化建设注入新的营养。只有这样，我国的文化才会永葆青春。哲学家罗素在《中西文化比较》一文中也说："不同文明之间的交流过去已经多次证明是人类文明发展的里程碑。希腊学习埃及，罗马借鉴希腊，阿拉伯参照罗马帝国。中世纪的欧洲又模仿阿拉伯，而文艺复兴时的欧洲又仿效拜占庭帝国。"[1] 在世界的文化交流中，世界需要中国，中国也需要世界，在同世界的联系和交往中，中国能够更深地了解世界，更好地学习和吸收世界优秀文化成果，更快地提升中国文化。所以，当今的文化全球化既为中国文化进行自我更新提供了大好的机遇，也为中国文

---

[1] 罗素. 中西文化比较·一个自由人的崇拜 [M]. 北京：时代文艺出版社，1988：8.

化加快现代化创造了条件。

人类社会发展史告诉我们，加强民族国家间的文化交流就能促进民族文化的进步；反之，如果没有文化间的接触和交流，就只能导致文化的落后。我们知道，在历史上，巴比伦人早在公元前3000年左右就发明了轮车，而早就懂得滚木和纺轮的美洲印第安人直到18世纪也没能发明出轮车。20世纪六七十年代，世界有些国家已进入电子时代，而菲律宾南部的塔桑代人还处在刀耕火种的时代。原因是什么？其根本的原因就在于他们都处于自我封闭的环境之中，与外界文化没有接触的机会，因而没能够为文化的突变提供必要的条件。历史发展至今，积极吸收外来文化的长处变得更为必要，这是因为，一方面，文化地位发生了变化。在历史上，文化在社会发展中从属于政治、经济和军事，是他们的附属物，而在当今，文化已经成为一个国家综合国力的重要标志。"知识已从金钱力量和肌肉力量的附属物变成了它们的精髓。""从更大的意义上说，知识的变化正在引起或有助于巨大的权力转移。"❶ 另一方面，信息时代给人类的文化交流带来了前所未有的便利条件。"在当代，电话、电视、计算机网络、卫星通信能在极短的时间内把某种信息迅速地传遍全世界。正是这种革命性的变化，使得文化开放成为不以人的意志为转移的大趋势"❷。可见，当今世界的开放性是不以人的意志为转移的，是世界历史发展的必然。因此，在文化全球化的进程中，我们只有置身于世界文明进步的潮流中，广纳世界各国包括资本主义国家的一切文明成果，才能更快地发展自己。东亚国家和地区的腾飞、日本明治维新后的迅速崛起，在很大程度上都得益于他们对现代西方文化和中华文化的吸纳。因此，在当今时代，对外来文化的吸收和整合问题已经成为一个民族和国家生存和发展的重大问题。

---

❶ 阿尔温·托夫勒. 权力的转移 [M]. 北京：中共中央党校出版社，1995：16—25.
❷ 叶自成. 对外开放与中国的现代化 [M]. 北京：北京大学出版社，1997：248.

吸收外来文化，主要是指借鉴和吸收国外那些与现代文明相联系的优秀文化成果。国外发达国家的文化尤其是近代以来的西方文化，是人类在资本主义阶段所形成的智慧和精神财富的体现，其中许多内容都反映了人类文明进步的方向和潮流。对于这些文化中的优秀部分，我们可以大胆地吸收和借鉴，以便为我国的现代化建设注入更多的新营养。

首先，我们要积极引进发达国家先进的科技文化。文化全球化为我国科技文化接近世界前沿提供了平台。江泽民同志曾指出："扩大对外开放，加强国际交流与合作，积极引进国外先进技术，博采众长，为我所用，是加快我国技术升级和经济发展的有效途径。"❶ 众所周知，西方发达国家的文化是在14~16世纪经过欧洲文艺复兴时期的孕育、在18世纪步入工业文明和现代化的进程中逐步形成和发展起来的。而我国的社会主义国家建国只有几十年的时间，并且我们是没有经过资本主义的发展阶段而直接进入社会主义的。因此，在自然科学知识方面，西方发达国家较我们有很大的优势。鉴于此，我们要积极地借鉴和学习他们先进的科学技术。邓小平同志强调："我们要把世界一切先进技术、先进成果作为我们发展的起点。"❷ "我们要向资本主义发达国家学习先进的科学、技术、经营管理方法及其他一切对我们有益的知识和文化，闭关自守、故步自封是愚蠢的。"❸

其次，我们要学习和借鉴发达国家先进的管理经验。西方发达国家为降低管理成本、提高劳动生产率、达到高效运作而形成的经营方式和管理方法，为促进经济发展而形成的一整套经济手段对社会生产的发展十分有利，这些都是反映社会化大生产规律的东西，

---

❶ 江泽民. 论科学技术 [M]. 北京：中央文献出版社，2001：55.
❷ 邓小平文选：第2卷 [M]. 北京：人民出版社，1994：111.
❸ 邓小平文选：第3卷 [M]. 北京：人民出版社，1993：44.

资本主义使用了，社会主义也可以学习和借鉴。因为，社会主义也在大力发展市场经济。邓小平同志指出："社会主义要赢得与资本主义相比较的优势，就必须大胆吸收和借鉴人类社会创造的一切文明成果，吸收和借鉴当今世界各国包括资本主义发达国家的一切反映现代社会化生产规律的先进经营方式、管理方法。"❶ 因此，在我国现代化的建设中，对于资本主义发达国家先进的经济手段、经营方式和管理方法与经验等一切反映现代社会化市场经济生产规律的东西，我们都可以大胆吸收和借鉴。吸收和借鉴这些东西是向现代靠拢、向科学靠拢、向客观规律靠拢，而绝不是向资本主义靠拢。

最后，在人文社会科学领域，发达国家有许多可供我们借鉴和吸取的内容、成分或因素。文化交流应该是全方位的。过去，在对外文化交流中，由于受"左"的思想影响，我们在人文社会科学领域人为地设置了许多"禁区"，造成了落后局面。从当今的现实来看，我们在人文科学的不少领域价值资源稀缺，亟须在对外文化交流中进行借鉴和吸收。因此，我们应该采取鲁迅的"拿来主义""运用脑髓，放出眼光，自己来拿"❷。资本主义发达国家精神产品中的许多东西，如人文主义精神方面的尊重人的价值和尊严，倡导以人为中心、实现个性解放与人的自由和发展等；科学理性精神方面的追求真理与正义、崇尚自然秩序和规律、求真务实等；民主和法制思想方面的主张主权在民、法律高于权力、防止权力滥用，保障公民的合法权利、把民主建设与法制建设有机结合起来等以及他们在长期的实践中形成的创新精神、保护生态环境的意识、知识经济观念、社会公德意识，可持续发展观念和社会均衡观念等，都体现了人类文明进步的共同要求和共同智慧，因此，我们决不能把它

---

❶ 邓小平文选：第3卷［M］. 北京：人民出版社，1993：373.
❷ 鲁迅选集：第4卷［M］. 北京：人民文学出版社，1983：29.

们作为资本主义的东西拒之门外。

总之，在当今文化全球化的大背景下，我国的文化建设必须摆脱狭隘的民族意识，从"立足于从我国现代化的创新和再造的角度，借鉴吸收西方文化的合理内核和有益成分，补我所缺，为我所用；注意把近现代西方文化反映的人类文明进步的共性与本国、本民族文化的个性有机结合起来"❶，作为我们文化的新营养，加速我国文化现代化建设的快速发展。

3. 全球性文化交流为中国文化"走出去"提供了可能

在文化全球化的进程中，我们一方面要积极地吸收国外的优秀文化成果，另一方面我们也要使中华文化满怀信心地"走出去"。只有"走出去"，我们才能在与国外文化的交流中具有更宽广的文化视野和掌握更大的文化主动权，也只有"走出去"，我们才能向世界展示中国文化的魅力并对当今日益激烈的国际竞争给予有力的回应。同时，在对外文化交流中，我们要充分挖掘中国文化的世界价值，用我们文化中的合理成分去影响和完善世界文化，使其服务于全人类的共生、进步和繁荣。

首先，文化全球化作用下世界范围内的文化交流和碰撞，为中国文化"走出去"提供了广阔的舞台。文化既是民族的也是世界的，中国文化作为世界文化的一分子，在漫长的历史进程中，"中国高度发达的文化曾像一座光芒四射的灯塔照亮了世界的东方，影响了世界文明的进程"❷。美国著名的汉学家德克·卜德说："中国对西方世界作出了很多贡献，这些贡献极大地影响了西方文明的发展。从公元前 200 年到公元 1800 年的这两千年间，中国给予西方的东西，超过他从西方所得到的东西。中国文化西传的结果，甚至改变了我

---

❶ 于幼军. 社会主义初级阶段文化论 [M]. 北京：人民出版社，1999：239.
❷ 裘士京. 试论中国传统文化的特征 [J]. 安徽师范大学学报，1999（02）.

们的生活方式,成为我们整个现代文明的基础。"❶ 由此可见,在人类历史上,中国文化对世界文化的发展作出了杰出的贡献。中国文化是在长期的历史发展中形成的中国人特有智慧的结晶,历史发展至今,"人类面临着日益严重的社会危机、道德危机和生态危机。儒学贵仁重德的人生观、主和尚通的人际观、天人一体的宇宙观,是医治现代社会病态,促进文明向更高阶段转型的重要思想资源"❷。当今,全球化的发展使人类社会出现了许多共同面临的问题,在文化全球化的大背景下,人类社会面临的诸多危机,尤其是精神文化领域内诸多的问题,世界文化的发展逐渐具有了更多的伦理性与人文性等趋向与诉求,而中国文化中的许多优秀成分对解决当今人类面临的世界性问题具有得天独厚的优势,特别是中国文化的人文精神所具有的普遍性和超越性更具有世界意义。例如,儒家文化主张的"仁爱与和平",可以作为21世纪人类建立世界新秩序的坚实基础;孔子倡导的"己所不欲,勿施于人",可以作为处理人与人之间关系的基本准则;中国哲学中的"万物并育而不害"等智慧,可以作为协调人与自然关系的指导思想;儒家文化提倡的"天人合一"思想,可以作为当今实现可持续发展战略的哲学基础;当今中国人提倡的"和而不同""协和万邦",可以作为处理不同民族和国家间关系的最好选择,等等。当今的文化全球化为中国文化资源的充分开发提供了广阔的舞台,"走出去"的中国文化已经成为世界文化中的重要组成部分,极大地增强了我们的文化自信,并将会对世界文化的发展做出越来越大的贡献。俞正梁先生说,对于中国文化来说,"只要遵循并推进其内在逻辑,把握其本质,对其基本命题和主要概念做出新的诠释,使之具有现代精神,在世界范围内具有价值整合

---

❶ 商聚德,刘荣兴,李振纲. 中国传统文化导论 [M]. 保定:河北大学出版社,1996:451.
❷ 牟钟鉴. 儒学价值的新探索 [M]. 济南:齐鲁书社,2001:20.

功能,那么,中华文明在 21 世纪将会有深远的全球意义。"❶

其次,全球信息网络技术的广泛应用,为中国文化"走出去"提供了必要的物质条件。在文化全球化的进程中,我们可以利用发达的信息传播渠道使我国文化快速地走向世界,为世界各国更多的人民所共享。首先,现代高科技的发展使得文化成为一种工业生产的文化商品,能够批量生产与复制并且能够迅速地传遍世界各地,这种网络化的、快捷的和全方位的传播方式,使世界上任何一个国家和民族都不可能把自己孤立与封闭起来。因此,我们应当适时地抓住时代给我们提供的机遇,积极健康地向世界宣传我国的文化。其次,现代发达的传播媒体促进了生活在不同民族国家中的人们在日常生活内容方面的相互交流,使人们在心理上得到了一种信息共享的环境,开阔了人们的视野,拓展了人们对不同文化的感受,从而为当今文化的全球性传播和发展提供了受众基础。所以,我们应该充分地利用这些便捷的条件,使我国优秀的民族文化在世界范围内得到迅速的传播,并最终得到其他文化的认同和接受。

改革开放以来,我国的对外文化交流无论在规模或是范围上都空前扩大。特别是进入 21 世纪以来,中国文化"走出去"的势头越来越强,中国文化的国际影响力和文化自信得以大大提高。但是,我们还应该看到,与我国在国际上日趋重要的大国地位相比,与我国辉煌的文化历史相比,我国在对外文化交流中还有很大的潜力没有发挥出来。所以,中国文化要真正地"走出去",还需要我们做出很大的努力,尤其是在适应时代需要和变化的国际形势方面,我国在对外文化交流上还需要做出新的探索。

---

❶ 梁守德.21 世纪:东亚文化与国际社会 [M]. 北京:当代世界出版社,2002:212.

第四章 国外文化自信的借鉴启示

就像世界上没有两片完全相同的树叶一样，各国的文化也独一无二。任何国家在文化自信的建构中，都会既有深刻教训，也有成功经验。他山之石，可以攻玉。在文化建设问题上，我们既要看到各个国家文化建设的独特性和不可通约性，也要看到他们之间的共通性和可通约性。当今，一些发达国家和新兴工业化国家，如英国、法国、美国及韩国等国在文化自信建构中探索和发展出了一些成功运作模式，考察和分析这些国家文化建设的成功经验与做法，无疑对建设中国特色的社会主义文化自信建构有重要的借鉴意义。

一、英国文化自信建构的经验

在西欧，德国、英国和法国在文化自信方面是比较有代表性的国家。英国作为老牌资本主义国家，比较重视文化软实力建设，其文化自信突出表现在比较侧重于语言文化。当今，世界上有120多个国家选择英语作为外交语言，全球大约十分之一人口以英语作为主要交流语言。在当今时代，英语作为国际通用语，在语言交流和出版物方面都具有很大的优势。英国年输出版权的收入始终居于世界首位。在出口贸易中，英国出版的英语图书一直位居全球前列。欧盟信息检测局数据显示，"英国每年的版权收入在180亿英镑左右，占全球各种版权收入的15%，远远超过英国每年的图书零售总额"❶。通过语言，英国不仅获取巨额收益，还源源不断地把英国文化推向了世界各地。文化输出使英国的国际影响力得以大大提升。据统计，2010—2011年，英国在世界各国共建立109个英语教学单位，向29.4万人提供了130万课时的英语培训。可见，英语为英国文化走向世界发挥了巨大作用。在向世界推广英国图书方面，英国政府每年都不惜花费巨资，把推广英语语言和英语文化作为重中之重。

二、法国文化自信建构的经验

法国是启蒙思想和人权宣言的发源地，以历史悠久、文化璀璨而著名。法国既是世界著名的文化大国，也是世界上最重视文化发展的国家之一。长期以来，法国一直是世界著名的文化中心，其灿烂的文明、悠久的传统、丰富的民族文化艺术、浪漫的气质和深刻的魅力，使法国文化不仅享誉西方，而且也成为世界文明中的佼佼者。法国在文化发展上最可圈可点的地方，就是其在对历史文化的保护意识和行动方面要早于其他国家。法国著名文学家雨果，早在19世纪20年代就严厉抨击破坏历史建筑的行为。1837年，"历史建筑保护委员会"，由著名历史学家梅里美牵头组建成立，该委员会为法国的古典建筑保护做了大量工作。法国政府于1959年成立了文化部，由安德烈·马尔罗出任当时的文化部长，安德烈·马尔罗在任职期间承诺，要对法国的所有历史文化遗存做登记，包括教堂甚至羹勺，因此，这位部长在职期间，发动了对法国文化的全面普查。20世纪，法国提出捍卫本国文化的"文化例外"条款，其宗旨在于抵制文化生产领域贸易和投资自由化。进入21世纪，法国更加注重

---

❶ 毕佳，龙志超. 英国文化产业 [M]. 北京：外语教学与研究出版社，2007：68.

保证文化的独立性,也更加强调文化的尊重和包容,法国政府采取了一系列激发艺术创造力的政策措施来保护和发展本民族的文化,以提高民众的文化自豪感和文化自信,取得了显著的成效。考察和分析这些政策及策略,对我们今天的文化建设和繁荣具有深刻的意义。

第一,在文化管理体制上,法国是典型的政府主导型国家。法国的政治特色及历史的积累决定了法国政府在文化领域内的主导地位。在欧洲,法国是最早设立文化部的国家,文化部的成立标志着法国的文化建设步入了迅速发展的轨道,"作为国家在文化领域的化身,文化部代表国家发挥四个主要职能:立法与限制的职能;直接管理文化机构的职能;再分配资金的职能以及活跃文化氛围的职能"❶。由此可见,国家在文化领域内的主导作用表现在许多方面,国家既是文化领域的"管理者""立法者",同时也是重要的"投资者""推动者"和"引导者",国家通过"确立文化领域内的各项标准,各种准则,来影响文化领域的价值标准和导向。国家建立起一整套'客观'的价值体系,并以此为依据从财政上给予资助,通过这样的方式,国家力图保障和促进文化的多元化发展,并实现文化方面的社会平等"❷。法国政府对文化建设的投入是极大的,在每年国家的财政总预算中,文化部的财政预算均占1%,除此以外,各地方政府还要用两倍于国家预算资金的投入来发展本国的文化。法国文化机构都非自负盈亏,其资金由政府直接拨款。在对外文化交流方面,法国也是由政府或者准政府组织来推动的,这种文化交流有着明确的分工和目标,所以在很大程度上倒更像是一种文化外交。

第二,大力推行民族文化保护政策。近年来,法国异常注重保护本民族文化的特色及民族文化的独立性问题,并始终把对民族文化遗产的保护放在国家文化政策的首位。例如,法国政府为了保护

---

❶ 张敏. 法国当代文化政策的特色及其发展 [J]. 国外理论动态, 2007 (03): 48.
❷ 同上。

本国的原生音乐歌曲，1994年出台了相关法律，规定从1996年1月1日起，在电台播放的音乐中，法语音乐作品必须占全部播出时间的40%以上，并且必须有40%的节目放在收视率高峰时段播出。在文化全球化的浪潮中，法国极力主张对民族文化采取保护政策。为了保护日益受到美国通俗文化产品侵蚀的民族文化，法国在关贸总协定乌拉圭回合谈判中，坚决反对把所有的文化问题都纳入世界贸易组织的商业规范之下，提出了"文化例外"的概念；在WTO谈判中，为了反制美国的"单边文化战略"，法国又提出了"文化多元化"的原则；为了保护法语，法国议会于1994年8月4日通过了文化部长杜蓬提出的《关于法语使用的法案》，该法明确规定，禁止在电台、电视台播送的节目中（外语节目除外），在公告、广告中使用外语；法国人在本国境内举行的研讨会上必须使用法语作大会发言；在法国境内出版的各种出版物必须有法语概述……对违反该法的将予以严厉处罚。这些措施在保护法国文化方面发挥了积极的作用，使法国民族文化不仅能够在多元文化的冲击中立于不败之地，而且还能不断地发展其自身的特色和优势。

第三，积极推进文化产业的世界化。在全球化的冲击下，法国政府认识到，要增强传统民族文化的活力，仅对固有文化传统进行政策性保护是远远不够的，要想拓展民族文化的自我保护力和有效繁殖力，就必须发展"活性"文化，把文化纳入市场领域中来，大力发展文化产业。法国的文化产业规模巨大，为了使文化产业得以顺利发展，法国政府在文化产业发展方面采取了中央政府赞助、地方财政支持、全民参与、企业为文化发展提供各类帮助的全社会协调共作的方式。法国政府对文化全球化一直采取积极应对的姿态，面对国际市场上激烈的"文化战"，法国政府实施"走出去"的战略，在大力吸取其他文化长处的基础上努力发展本民族的文化产业，这既保障了文化产业的传承性及创新性，又推进了民族文化产业的世界化，把法国文化的魅力积极地展现给了全世界。

三、美国文化自信建构的经验

美国是一个典型的移民国家，在其仅 300 多年的建国历史中，美国在文化建设中崇尚个性，追求自由，注重实效。从 20 世纪 90 年代起，美国逐步走上了美式的文化强国之路，并逐渐成为强势文化。美国拥有当今世界上最发达和最活跃的文化产业，其在文化产业领域形成了一整套市场化运作的成功经验。因此，美国文化产业的管理和运作方式、组织形态及美国政府的文化管理模式对我国的文化建设都具有一定的借鉴和参考价值。

第一，在文化管理体制上以市场化为主并适当给予政府支持和管理。在文化管理体制方面，长期以来，美国政府一直遵循"无为而治"的管理政策。在美国，文化事业和文化产业统称为文化产业，没有文化事业的提法。当然，美国也有相当于我国文化事业的非营利性机构或部门，这些机构既非政府也非企业，美国政府对其或者给予资金或政策上的支持，或者直接进行管理。美国政府没有设立专门管理文化事务的机构，其主要运用市场作用、法律手段及大量非政府文化组织对文化建设进行调节和管理。美国国家治理模式的基本出发点就是市场开放和自由竞争的价值观。美国政府不直接插手文化事务并不意味着美国政府让文化的发展放任自流，而是实行开放性的市场战略，把文化发展置于民间社会和市场经济中自由成长。美国政府在文化发展中的作用主要体现在对那些公益性强、关系到国家安全及单纯依靠市场力量不能得到充分发展的文化建设项目的支持和管理上。

第二，特别注重文化的开放性和文化的创新意识。美国文化的开放性是极强的，在美国，几乎每一种文化都可以找到与美国文化相融的结合点。众所周知，美国是个移民国家，其文化主要是欧洲移民文化。美国文化的强大很大程度上得益于其吸收并融合世界其他国家的先进文化并进行积极的创新。在文化发展上，美国一方面积极吸收其他国家的先进文化，另一方面也高度注重文化的观念创新。正是美国文化精英们大胆的文化创意给美国文化发展注入了新的生命力。以硅谷为例，硅谷文化的首要战略就是"创新"，在硅谷，从老板到员工都奉行一种平等宽松的理念，他们宽容失败，鼓励创新。一大批具有创新精神的专门人才在这里营造了创新的制度和环境，他们求新求变，不断地寻找着新的创造机会。

第三，大力扶植文化产业并通过立法保证文化产业的发展。作为"软实力"，文化对美国的整体国家实力起到了支撑及巩固的作用，突出体现在文化产业的支柱性作用。在美国，文化产业是其支柱性产业，并在各个领域都居于全球领先地位。美国政府大力吸引非文化企业和境外资金投资文化艺术活动并积极鼓励多种经营方式和多元投资机制。美国联邦政府及各州、市、镇政府都对文化艺术提供大力资助。文化产品是文化产业发展的核心。美国的文化产品在世界上占据着广阔的市场。美国通过薯片、影片、芯片三大"片"，占据着文化市场的绝对优势。其文化产业所创造的产值已占国民生产总值的10%以上，在"英国、加拿大、澳大利亚等国，文化产业的从业人员已占就业人员的10%"❶。在立法方面，美国是最早进行文化立法的国家。早在1790年，美国就颁布实施了第一部保护知识产权的《版权法》。1917年，美国通过《联邦税法》，规定免征非营利性文化团体和机构的所得税。1965年，美国通过《国家艺术及人文事业基金法》，依据此法，美国国家艺术基金会与国家人文基金会成立。1997年和1998年，美国又先后颁布了加强数字化产权保护的《反电子盗版法》和《跨世纪数字版权法》。随着美国文化

---

❶ 戴钰. 文化产业竞争力研究［M］. 北京：世界图书出版公司，2014：241.

的繁荣与发展,其文化立法体系也在不断地完善。

第四,重视优秀文化人才的挖掘和培养。作为文化强国,美国十分重视对优秀文化人才的挖掘和培养。美国政府认识到离开人才的培养和挖掘,发展文化产业是没有出路的。在国外,美国依据产业发展的需要,凭借其雄厚的资金和文化业的发展潜力,吸引和笼络世界各地的优秀文化人才并培养了大批高素质的专业人才,这无疑是美国保持文化产业竞争优势的一个重要原因。在国内,美国有30所大学开办了文化管理学等相关专业,培养了大批国内文化管理人才。此外,美国还设立了不少专门从事文化产业研究的智库,这些强大的研究机构提供的研究成果对美国的政府管理、企业决策及文化产业的发展都发挥了不可估量的作用。

第五,积极推行文化外交,大力提升国际文化影响力。美国是一个十分注重文化外交的国家。在文化外交方面,美国一方面大力开展文化教育交流活动,构建各种文化教育交流平台,加深各国人民对美国的了解。另一方面积极利用各种先进的媒介,向各国的公众宣传美国的价值观念,展示其本国的国家形象,以此赢得更多的关注与认同。美国政府非常重视通过文化教育交流来推广本国的文化,在这方面,不但美国政府支持开展了各种著名的项目,如国际访问者项目、和平志愿者项目、"富布赖特助学金"等项目,而且还有许多私人基金会,如"福特""卡内基""洛克菲勒"等,他们开展的各项活动在美国的对外文化交流和传播中发挥了很重要的作用。在利用传媒进行对外文化宣传方面,美国是国际上突出的典型。美国控制了全球60%以上的广播节目、75%的电视节目的生产和制作,据统计,其每年向国外发行的电视节目总量高达30万小时,许多第三世界国家的电视台几乎成了美国电视的转播站。美国的《读者文摘》在全球以48种国际版本、19种语言,在100多个国家发行2800万份,已发展成年收入25亿美元的国际性大企业。当前,美国

又抓住国际互联网这一新兴媒体,利用其在语言、高科技等方面的优势,积极调整文化战略,推销自己的价值观念。

四、韩国文化自信建构的经验

亚洲金融风暴之后,"韩流"开始涌动,现在,"韩流"早已成了人们熟悉的常用语。"韩流"是人们对韩国文化在海外不断升温的一种描述。当今,韩国文化不仅在亚洲,而且在世界范围内的影响都在不断地扩大。韩国文化的迅猛发展,引起了世人的关注,研究韩国文化高速发展的成功经验,对我国的文化建设意义重大。

第一,政府主动推进文化的发展。近年来,在政府主动推进下,韩国的文化产业实现了跨越式发展。韩国文化产业的迅速崛起和韩国高度重视政府在文化管理方面的作用是分不开的。早在1994年,为了发展文化产业,韩国文化观光部就设立了"文化产业局",主管文化产业。1999年,为了扶持游戏产业的发展,在文化观光部、产业资源部、信息通讯部的共同努力下,建立了"游戏综合支援中心""游戏技术开发中心"等,在政府的全力协调下,积极发展游戏产业。2000年,韩国成立了"文化产业振兴委员会",负责制定国家文化产业政策方面的运营方案,检查政策执行情况等。此外,为了规划与发展文化产业,韩国还特别成立了"文化产业振兴院",负责制定文化产业政策;组织专门人才培养;开拓海外市场等,该院为韩国文化产业的发展起到了积极的推动作用。在政府的大力推动和积极引导下,韩国形成了推动文化产业发展的管理体制和运行机制,为其文化产业发展战略的实施发挥了重要的保驾护航作用。在法律保障方面,韩国政府对本国文化发展采取了更为积极主动的政策。韩国以《文化艺术振兴基本法》为依据,依靠国家法律来保证文化发展的持续性和规范性。《文化艺术振兴基本法》是1972年制定的,1995年韩国政府又对其做了重大修改。修改后的《文化艺术振兴基本法》不但体现了韩国政府对提升国民文化素质的高度重视，也体现了政府主动推动文化发展的决心。

第二，政府实施"文化立国"战略。韩国原本是个农业国家，20世纪60年代初，韩国的经济还是很落后的。到60年代中期，在强力型领导人朴正熙的领导下，韩国经济开始了摆脱贫困的进程。此后的20年，韩国经济持续超高速发展。到80年代中期，韩国的经济建设取得了初步成就，成为"亚洲四小龙"之首。1997年席卷亚洲的金融危机使韩国经济遭受严重冲击，同时也使韩国政府逐步意识到了原来靠重工业支撑经济的弊端。危机过后，韩国政府调整了经济结构，把文化产业定位于21世纪发展国家经济的战略性支柱产业，并在1998年提出了"文化立国"的方针。"文化立国"的最终目标是要把韩国建成21世纪的知识经济强国、文化大国。为了保证"文化立国"方针的有效施行，韩国政府制定了《文化产业发展5年计划》《21世纪文化产业的设想》《文化产业发展推进计划》《电影产业振兴综合计划》《文化韩国世纪设想》等发展战略，有力地推动了文化产业的发展，为建设文化产业强国打下了坚实的基础。在政府的大力支持与统一规划领导下，韩国文化产业蓬勃发展。据统计，到2004年，韩国的文化产品已占据世界市场份额的3.5%，跃居为世界第五大文化产业强国。

第三，大力推行文化出口。由于韩国是一个国土范围有限、国内市场狭小、高度依赖海外市场的国家，因此，韩国非常重视对国际市场的开拓。为了把韩国文化推向世界，韩国文化投资者善于利用人们的社会心态和流行文化的规律，抓住一切契机把韩国文化的优点尽量地发扬光大。首先，韩国通过重大的国际活动如世博会、奥运会、世界杯等，大力宣传本土特色文化，在国际上树立起了"文化韩国"的形象。其次，韩国积极发展大众文化，竭力向国际社会推销自己的文化品牌。当今，韩国的电影和电视剧在国际上已有

很大的市场。据报道，仅韩国电影《冬季恋歌》中的男主角裴勇俊一人就为韩国带来了10亿美元的收入。韩国的大众文化产品不仅为韩国赚取了巨额利润，而且达到了对外宣传的效果，提升了国家的影响力，增加了国家的软实力。最后，为了扩大"韩流"在全球的影响力，韩国还建立了一系列推广"韩流"的组织机构，比如，首尔的"韩流发祥园地"；北京、上海等地的"韩流体验馆"；韩国的民间专家学者为了对出口的文化内容把好质量关组建的"亚洲文化交流协会"；在"韩流"影响大的国家和城市设驻外办事处，成立"韩国文化振兴院"等。这些措施在推进韩国文化出口方面发挥了举足轻重的作用。

五、国外文化自信建构经验对我国的启示

通过以上对英国、法国、美国等国家文化建设经验的分析，我们可以发现，发达国家在文化建设方面经过多年的发展，已经走出了一条成功的道路。虽然我国与这些国家在文化国情、政治制度和发展目标方面存在不同，但这些国家在文化建设中的许多成熟经验可以作为我们制定和实施新时期文化发展战略的异体参照，对我们有中国特色的文化建设具有积极的学习和借鉴意义。

第一，文化建设必须由政府和社会各方面共同推进。发达国家文化建设的成功绝不是偶然的，而是基于从政府到社会各方面共同参与和推进而成的。从上文的分析中我们可以看到，发达国家的政府对文化的重视不是只停留于政府的一般号召上，而是更多地体现在政府的实际行动中。无论是对文化产业的发展，还是对传统文化的振兴和保护，都是在政府的指导和社会各方面的共同推进和参与下进行的。而我国的文化建设在这方面还有很大的欠缺。首先，民众对文化的认识还十分模糊，甚至还有不少人认为文化就是娱乐，再加上政府对文化发展的引导功能也没有完全行使，所以到目前为

止我国还没有形成一种全社会都关注和建设文化的社会环境。其次，我国的教育和文化还被看作两个彼此独立的部门和事业。由于我国人口众多，教育资源缺乏和教育体制僵化等原因，我国教育的功能甚至还停留在目的仅为应试的初级阶段，教育并没有真正发挥营造民族文化氛围、传播文化理念及提高学生人文素质的功能，这种情况导致了我国的文化发展缺乏坚实的社会心理支撑。由此可见，与发达国家相比，我们的文化建设还需政府和社会各方面共同做出更大的努力。

第二，积极扶植文化产业的发展。随着文化与经济一体化趋势的发展，文化产业在国家文化发展中担当主角，国外发达国家都把文化产业的发展提到了国家发展战略的高度，不遗余力地进行扶持和引导。例如，由于美国对文化产业的重视，使美国从一个文化资源相对贫乏的国家变成了当今世界的文化产业强国；法国长期以来对文化发展的重视，使法国成为世界文化大国；韩国的"文化立国"方针，使韩国在国际文化市场竞争中占据了有利地位。由此可见，文化产业已经成为新世纪各国国民经济的支柱产业和新的经济增长点。与发达国家相比，我国在文化产业发展上还存在诸多弱点。我国文化产业的定义至今还不明晰，知识产权保护意识薄弱，文化资源配置的合理机制尚未完全确立，市场经济体系还不成熟，等等；我国的文化产业目前还难以形成文化产业链条，缺少把文化资源、资本要素、经营要素有效整合起来的能力，造成了资源的很大浪费；在当今全球化的背景下，外来文化给我国的文化产业也带来了极大的冲击。虽然当前我们在发展文化产业方面还存在一些问题，但我们也应该看到自己的优势。我国是四大文明古国之一，文化底蕴极其深厚，文化资本难以估价，如果我们能将这些特有的文化资源进行有效的开发，我们的文化产业将会在全球文化市场竞争中占据巨大的优势。当前，我国文化建设的关键问题就是如何尽快启动这些文化资本，形成具有我们自己特色的文化产业。

第三，实施文化走出去战略。只有让我们的文化走出去才能让世界更好地了解中国。从美国的"三片"（薯片、大片和芯片）风靡全球，到法国的"文化旅游"长盛不衰，再到韩国的"韩流"席卷亚洲，我们可以看到文化走出去所带来的积极效果。因此，我们要积极学习发达国家的经验，加强文化外交，开展文化交流，扩大对外文化贸易，大力开拓国际文化市场，增强中国文化的渗透力和影响力。现在，我国的对外文化交流和传播还存在严重的赤字，不仅文化传播的数量不够，而且在有限的对外文化表现中，那些体现民族特色的文艺作品也十分缺乏。我们的许多优秀文化还"养在深闺人未识"，世人对中国文化的认识，还停留在长城、中国功夫、兵马俑、京剧脸谱等这些零星元素上。因此，在这种背景下，我们应该采取积极有效的措施，大力进行文化输出，用多种形式向世界展示我国优美、和谐的文化大国形象，争取得到世界更多的了解和认同的同时，也赢得更多的经济效益。

第四，注重文化的开放性和文化创意。世界上发达国家文化产业的发展壮大一般都得益于他们的开放性和创新性。以美国为例，美国一方面积极地吸收和融合世界其他国家的先进文化，另一方面也十分注重文化的创意和构思。而正是文化创意，给美国文化产业注入了无穷的生命力。在观念上，美国的文化产业精英们敢于将吸收到的文化进行大胆创新，经过"美国式改造"，融入新的艺术想象，产生新的艺术效果，从而使经过改造的文化产品彰显出强劲的盈利能力。最明显的例子就是，动画剧《功夫熊猫》和《花木兰》汲取中国传统文化要素进行改造创新，结果获取了巨大成功。在当今全球化时代，世界文化逐渐科技化和时尚化，这就要求我们一方面要大胆吸收发达国家创造的优秀科技文化成果，另一方面也要求我们在对中国传统文化资源进行挖掘的基础上，创造性地进行转化和创新工作，开发出具有高附加值和跨地域魅力的文化产品。只有提供出具有民族特色的高科技含量的文化产品与服务，才能增强我们文化产品的感染力和市场竞争力。

第五，吸引和培养优秀的文化人才。人才是文化发展的中坚力量。人力资本将会是夺取未来文化产业发展战略制高点的决胜因素。发达国家十分重视人才的挖掘和培养。作为文化强国的美国利用其雄厚的资金和文化业的发展潜力，不但在国内培养了大批高素质的文化产业人才，而且还积极引进世界各地的优秀文化艺术人才，这些人才资源成了保持美国文化产业竞争优势的一个重要原因。与发达国家相比，我国文化人才队伍无论是总量还是规模都很缺乏，尤其是高素质、复合型文化人才的缺乏，已成为制约我国文化产业快速发展的一大因素。因此，在当今我国文化建设的进程中，迫切需要解决人才问题。在这方面，我们要学习发达国家的经验，一方面不断地拓宽人才选拔途径，完善人才激励机制，营造优秀人才脱颖而出的环境；另一方面我们也要积极吸引和聘用海外高级人才，增加我国的人才力量。只有这样，当代中国的文化创新和现代化事业才会大有希望。

第五章　中国特色社会主义文化自信建构存在的问题及对策建议

党的十九届四中全会通过的《中共中央关于坚持和完善中国特色社会主义制度　推进国家治理体系和治理能力现代化若干重大问题的决定》强调："必须坚定文化自信，牢牢把握社会主义先进文化前进方向……"❶ 这部分要求我们对文化自信的坚定，必须落实到制度中，体现到行动上。

文化自信问题必然引发关于文化自信的思考。在当代，我国文化自信的建构受到了来自全球化的挑战。今日中国经济的发展早已融入了全球化的进程，改革开放 40 多年来，中国创造了震惊世界的发展奇迹，并被认为是全球经济的引领者。如今，中国已经不知不觉成为令全世界瞩目的一个大国，走向了世界舞台的中心。以飞速增长的经济实力为后盾，我们充满了道路自信、理论自信和制度自信。但是，在全球化的进程中，面对西方的文化霸权，我们的文化自信还未真正建立起来。然而，"没有高度的文化自信，没有文化的繁荣兴盛，就没有中华民族伟大复兴"。因此，对于文化自信的建构，我们依然责任重大。当今，全球时代的到来，网络化、信息化的冲击等给我们带来的影响，使我国文化自信的建构遇到了前所未

---

❶ http：//www.hprc.org.cn/gsyj/zhutiyj/19j4z/201911/t20191113_5034217.html.

有的复杂性与艰巨性。既然全球化是我们无法回避的历史趋势，因此，对于我们的文化建设问题，在全球化面前我们必须积极应对，认真思考与探索选择，只有这样，我们的文化自信才能更快更好地建构起来。

一、当前中国文化自信建构中存在的问题

要建构中国特色社会主义的文化自信，就必须实事求是地正视当前我国在文化自信建构中面临的关键性问题，只有这样，我们才能从客观事实出发找准文化自信建构的突破口，从而使我国的文化自信得以更快更好地建构起来。当前，在我国文化自信建构中还存在一些问题，主要表现在以下几方面：

（一）应对文化全球化自觉程度不够

文化全球化是当今中国文化建设面临的新形势与新变化，积极参与文化全球化是一种必然。文化全球化既给我们民族文化的发展带来了机遇，同时也提出了挑战。因此，在文化全球化的进程中，我们更需要以一种自觉的态度，提高对文化全球化的自觉意识。所谓对文化全球化的自觉意识，就是指我们首先要对自己的文化有自知之明，并对其发展历程和未来有充分的认识，然后，在这种自觉意识指导下，我们对文化全球化潮流给予有力的回应，从而保证我们的文化在文化全球化的进程中继往开来，大有作为。有没有这样的文化全球化自觉意识，对于回应文化全球化的挑战是至关重要的。

当前，在应对文化全球化的进程中，我们还存在一些错误的心态。部分人以民族情感或个人的好恶为主要依据来对待文化的全球化进程。他们要么出于民族的情结而民族本位，从而导致故步自封，夜郎自大，要么出于反民族情绪而世界本位，从而导致自暴自弃，妄自菲薄。这两种态度使我们文化的融合与交流、整合与创新都受

到了严重的阻碍。在人类文明史上，以儒家思想为核心的中国传统文化曾独树一帜，很长一段时间在世界舞台上，华夏文化始终是一种强势文化，中国一直是一个文化输出国，文化优越感极强，而这种文化优越感使中国不愿改进和学习。明朝时，西方传教士利玛窦违心地修改子午线，把中国放在地图的中央以取得中国士大夫的认可和欢心，从中我们可以足见中国当时的狂傲。利玛窦曾这样描述中国人当时的心态："因为不知道地球大小而夜郎自大，所以中国人认为所有各国中只有中国值得称羡。就国家的伟大、政治制度和学术的名气而论，他们不仅把别的民族都看成野蛮人，而且看成没有理性的动物。"❶ 这种狂妄自大的文化心理，在很长一个时期阻碍了我们对西方的学习。近代以来，伴随着西方文化的大量涌入，许多人在外来文化面前又滋生出民族虚无主义的态度，他们对西方文化毫无批判地顶礼膜拜，从根本上否定中国传统文化，提出所谓的"全盘西化"论。这种文化心态同样对我国的文化建设造成了极大的危害。

应对文化全球化的自觉就是要调整好心态，以批判理性为主要依据来对待文化的全球化，只有这样，我们才能做到知己知彼，既排斥又吸收，既批判又继承，既注重本民族文化的发展，又积极应对世界文化发展的潮流。面对扑面而来的文化全球化大潮，我们应当妥善地处理传统文化的延伸与丰富问题，我们既要认识到要实现中国传统文化的当代转换，需要对中外文化进行选择、整合与创新，我们同时还要认识到当代中国文化的发展也不能离开对异质文化的批判与吸收，不能脱离世界文化发展的新秩序与新环境。我们究竟应该要从中国传统文化中吸取什么，批判什么，从西方文化中吸取什么，批判什么，这需要我们有充分的文化自觉。在文化全球化迅

---

❶ 利玛窦. 中国札记 [M]. 北京：中华书局，1983：71.

速发展的今天，能不能抓住机遇，加快发展，是我们能否在全球化中赢得主动、取得优势的关键。在当今人类社会跨入新世纪之际，我们应该清醒地知道，21世纪的前20年对我们来说是一个至关重要的战略机遇期。在未来这段时间里，中国要实现由文化大国向文化强国的跨越，我们的改革就要有新突破，发展就要有新思路，同时我们的开放就要有新局面。因此，只有全面融入文化全球化的进程中，合理地建构中华民族文化的新心态，我们才能在文化全球化进程中抓住机遇、为中国文化发展打开出路。

（二）文化体制存在的问题

我国的文化体制是由我国公有制为主体的社会主义经济基础决定的。党的十一届三中全会以前，我国的文化体制呈现出了文化事业由国家统包统揽的特点，这种体制弊端严重，导致了本来应当由政府主导的公益性文化事业长期投入不足，而本来应当由市场主导的经营性文化产业却长期依赖政府，这种状况束缚了我国文化的快速发展。改革开放后，特别是党的十六大以来，我们明确了文化发展的基本思路，对文化事业进行了一些大胆的改革尝试，取得了很好的效果，促进了文化事业的发展。但与国际发达国家相比，我们的改革还没有取得突破性的进展，计划经济时代遗留的文化体制束缚文化生产者积极性的局面还未从根本上得到改变。我们当前的文化体制还远远不能适应文化全球化发展的新要求和新形式，呈现出诸多的问题。

第一，旧的文化管理方式的影响依然根深蒂固。受传统计划经济管理方式的影响，我国庞大的文化管理体制，依然存在传统的思想观念，盛行权力高度集中的社会管理方式。这种管制方式一般按照个人服从集体、下级服从上级、地方服从中央的原则，根据行政命令和指令性计划从事经济活动，一定程度上束缚了人的主动性、积极性、创造性的发挥，使劳动者的个性和个体利益未得到充分发育和承认，抑制了劳动者潜能的开发。

第二，从宏观管理上看，文化管理政出多门，文化体制还未从根本上理顺。目前，我们在文化建设中虽然明确了党委、政府、企事业单位、市场等各自的职能及相互关系，但在实际操作中党政不分、管办不分、政企不分、政事不分的问题依然严重存在，造成这种局面的主要问题，一是文化管理的行政机构分工太细，条块分割，各自为政，以致形成在国家层面上的跨部门、跨行业的文化发展战略较少，全面系统的指导文化发展的政策体系无法形成。因此，难以取得良好的统一绩效。二是有些政府文化管理部门并未完全从办文化的管理模式中脱离出来，过多地注重了文化的政治职能和意识形态属性，而忽视了其经济功能。三是文化管理的某些地方面民主化、法制化不够，在一定程度上存在部门、行业垄断和地区封锁，流通渠道不畅，统一的文化市场难以形成。四是部门职能交叠，权责不明，造成了实际工作上的混乱，降低了工作效率。

第三，从微观管理上看，现有的文化企事业制度某些方面不适应社会主义市场经济的要求。在传统的计划经济条件下，我国的文化单位被设定为事业单位，因此，我国文化微观运行主体一直实行的是事业体制。改革开放以后，适应市场经济体制建立的需要，文化微观管理体制逐步进行变革，文化企业逐渐从文化事业单位中分离出来，形成了文化企业单位与文化事业单位并存的格局。但是，在现实生活中，文化事业单位与文化企业单位并存只是表象，在更多的情况下，文化事业和文化企业的性质还是混淆不清。问题在于，一是由于文化体制改革进展需要时日，许多文化企业还没有成为独立的市场主体，来自文化主管部门的行政干预仍然存在，这些文化企业普遍缺乏活力，创新激励机制没有形成，自主创新能力不足，现代化的文化生产和组织方式没能得到充分应用。二是有些文化事业单位仍然按照计划经济的模式在运行，缺乏有效的激励机制，内部体制僵化。三是在所有制结构上，国家对非国有资本进入文化市场的某些领域仍有严格的限制，导致投资机制不完善，资金匮乏。四是在分配方式上，有一些文化单位还是平均主义，缺乏必要的竞争机制。五是在人才的评价和管理上，有些文化单位缺乏必要的人员流动和竞争机制，没有建立完善的人才保障体系。

从以上对文化体制存在不足的分析中我们可以看出，我国文化体制中的问题是综合性的问题，其中很多问题是我们自己制造的，因此，要解决我们的文化问题，就必须形成综合的管理机制。从根本上来说，没有文化体制的大变革，我们就不会摆脱当前面临的文化危机。因此，要想加快我国文化建设的发展，我们就必须严格按照党的十九大提出的要求，继续大力推动我国的文化体制改革向纵深进展。

（三）文化综合创新能力不足

文化的生命力在于创新。"人类文化历史证明，对于民族文化艺术的保护就是与时俱进地不断发展；对于民族文化艺术最有效的继承就是和母体血肉相连地不断创新，创新才有生命力。"[1] 在当今文化全球化进程中，我国的文化之所以处于劣势，原因当然是多方面的，但文化综合创新能力不足也是一个很重要的制约因素。目前，我国文化综合创新力不足的原因主要在于：

第一，主流文化创新精神不足。由于长期受"左"的思维方式和思想观念的影响，我国主流文化至今仍存在着创新精神不足的情况。某些方面唯上唯权的意识依然严重，办事脱离生活实践，说教口吻居高临下；本本主义的观念依然作祟，思维定式，墨守成规，

---

[1] 范风国. 维护文化安全浅探［N］. 中国国防报，2001 – 08 – 20.

叙述方式生硬呆板，思想与表达苍白无力、枯燥乏味；庸人懒汉的思想仍然存在，不关注和回答现实问题，只知道不食人间烟火的抽象说教，不认真倾听和解决人民群众的心声与要求，空话、套话盛行。这些错误的思想和行为严重地束缚了人们的头脑，非但没能启迪智慧，反而束缚思维，妨碍了人们创造力的发挥，甚至导致一些逆反心理的产生。因此，在当今文化全球化的背景下，在西方各种文化观念蜂拥而至、不断渗透的形势下，我们应该自觉地把这些错误的思想认识尽快地解放出来，在坚持主流文化指导地位的前提下，从理论和实践的结合上不断研究当代现实，回答当代问题，力争推出一批社会影响力强、有理论深度、有创新价值的新成果。

第二，精英文化原创性不强。精英文化以创造和启蒙为宗旨，它是一个国家和民族的原创性文化，创新是其生命力之所在。当今导致我国精英文化创新力不足的原因主要有两方面，一是一味地"拿来"。20世纪以来，中国精英文化的策略就是积极吸取和借鉴国外一切优秀文化成果。这固然有利于我们自身文化的建设，但这种"拿来"的同时也造成了我们创新精神的匮乏。我们理论界的种种体系、学说和概念变成了对西方思潮和话语的学习与传播。"自80年代以来的文艺思潮，被称为创新的部分，几乎全是对西方现代主义及后现代主义种种形式、手法的袭用——中国最好的批评家也只是复述西方的话语而已。"❶这种对西方学术话语的大量引进和依赖，造成了当代中国的精英文化如果没有西方的话语，就会出现"失语"的症状。二是急功近利。近代中国落伍的现实，使人们产生了一味求新图变的心理。"言必称现代主义和后现代主义，已经成为中国文化界的一种新的思想僵化和文化僵化，正是这种新的思想僵化和文化僵化，造成了当下中国文化原创能力的深层弱化，使中国文化的

---

❶ 方宁. 世纪之交中国文艺理论研究的回顾与展望 [N]. 光明日报, 1999-07-22.

现代化失去了文化原创的应有动力。"❶ 现实生活中，各种新名词、新文化层出不穷，但真正有新意的、有创建性的文化并不多。这种文化现象和文化思潮犹如蜻蜓点水，浮光掠影，根本没有真正发育充分，在实际生活中发挥作用也不大，而且旋生旋灭。事实上，一味地"拿来"和急功近利都不利于创新，长此下去，势必窒息我们文化的创新精神和原创力的生长，我们的精英文化也很难走向世界。因此，要发展我国的原创文化，就要鼓励文化工作者深入生活，从实践中汲取创作的营养，在充分汲取中外优秀文化成果的基础上，增加对文化创作的大胆设想，不断探索原创文化发展的无限空间，努力提高我国精英文化的原创性。

第三，大众文化平面化、模式化。在当今文化全球化的背景下，面对西方大众文化以影视、广告、网络等媒体形式如潮水般涌入中国的情形，我们的大众文化却在退却中拱手让出了大片文化市场。我们的大众文化不再崇尚创新和追求个性，而是热衷于模仿和复制。于是，导致了大量千篇一律的、模式化的作品充斥于市场，许多作品成了用过即扔的一次性消费品。这种状况导致了我国大众文化的平面化、模式化，缺乏生命力和竞争力。因此，当代我国的大众文化要想在激烈的竞争中处变不惊，阵脚不乱，发展壮大自身，就必须不断增强自身的创新能力，提升自己的文化品位，扩大文化产业的规模，并且在注重社会效益的前提下，最大限度地追求经济效益和市场份额。

创新是一个民族进步的灵魂，积极推进文化创新是时代的要求。"一个国家或民族，能否在保持其传统优秀文化的同时，通过创新赋予其鲜明的时代特征，不仅关系到这个国家或民族文化的生存与发

---

❶ 胡惠林. 文化产业发展与国家文化安全 [J]. 上海社会科学院学术季刊，2000 (02).

展,也关系到国家或民族的前途和命运。"❶ 因此,只有从各方面大力提高我国文化的综合创新能力,我们的文化才会焕发出蓬勃的生机,我们也才会赶上时代发展的潮流。

文化建设必然引发文化思考。当代中国的文化建设正处于从传统文化向现代文化的转型期,社会主义市场经济文化还没有完全确立,我们文化现代化的任务还远远没有完成,再加上文化全球化时代的到来,网络化、信息化的冲击等给我们带来的影响,使我国的文化建设呈现出了前所未有的复杂性与艰巨性,由此也带来了我们对文化建设的认真思考与探索选择。

二、中国特色社会主义文化自信建构的对策建议

(一) 确立应对全球化的正确态度

当今时代,文化全球化是我们无法回避的历史趋势,因此,在文化全球化面前我们必须做出正确的选择,积极应对,只有这样我们的民族文化自信才能得以更好地建构。

党的十九届四中全会通过的《中共中央关于坚持和完善中国特色社会主义制度 推进国家治理体系和治理能力现代化若干重大问题的决定》强调:"必须坚定文化自信,牢牢把握社会主义先进文化前进方向……"❷ 这部分要求,我们对文化自信的坚定,必须落实到制度中,体现到行动上。要坚定文化自信,我们首先要清楚我国文化自信的现状,从而进一步制定出行之有效的文化自信建构路径。

在当代,我国文化自信的建构受到了来自全球化的挑战。今日中国经济的发展早已融入了全球化的进程,改革开放40多年来,中

---

❶ 方立. 全球化进程中国际经济、政治、文化关系的相互渗透与影响[J]. 理论前沿, 2000 (21).

❷ http://www.hprc.org.cn/gsyj/zhutiyj/19j4z/201911/t20191113_5034217.html.

国创造了震惊世界的发展奇迹,并被认为是全球经济的引领者。如今,中国已经不知不觉成为令全世界瞩目的一个大国,走向了世界舞台的中心。以飞速增长的经济实力为后盾,我们充满了道路自信、理论自信和制度自信。但是,在全球化的进程中,面对西方的文化霸权,我们的文化自信还未真正建立起来。然而,"没有高度的文化自信,没有文化的繁荣兴盛,就没有中华民族伟大复兴"。因此,对于文化自信的建构,我们依然责任重大。当今,全球时代的到来,网络化、信息化的冲击等给我们带来的影响,使我国文化自信的建构遇到了前所未有的复杂性与艰巨性。既然全球化是我们无法回避的历史趋势,因此,对于我们的文化建设问题,在全球化面前我们必须积极应对,认真思考与探索选择,只有这样,我们的文化自信才能更快更好地建构起来。

1. 积极主动地融入全球化,在广阔的时空中传承创新

在当今开放的时代,既然全球化是任何民族的发展都离不开的国际大背景,那我们对全球化既不能消极对待,更不能简单拒斥,我们的文化建设也只有积极主动地融入其中才是明智之举。原因如下。

首先,全球化是世界发展的客观趋势,是人类发展到一定历史阶段的必然产物,因此,它的出现和存在具有历史的合理性。虽然全球化也是一把双刃剑,对民族文化的发展会有其负效应的一面,但我们更应该看到,这一趋势中的合理性与进步性才是更为本质的东西,所以,我们只有顺应这一客观趋势,积极主动地融入其中才是理性的选择。全球化的特点决定了民族文化的发展也必然是一个与世界文化的互动过程,只有参与到这一过程中,民族文化才能不断地获取新的内涵,并与时俱进。当然,民族文化的发展是独立的,不能依附于外来文化,但这种独立绝不是与世隔绝的独立。独立不是孤立。马克思认为,民族文化的独立性应该在世界交往中寻求。

因此，民族文化要想真正地保持自己文化的独立性，就必须积极主动地参与到全球化的进程中，在与世界文化的交流中不断提高自己的文化竞争力。只有这样，民族文化才能不断地增强自己的独立性和自主性，并使自己在国际文化竞争中的地位和自信不断地得以提升。

其次，文化建设主动地融入全球化是中国改革开放的客观要求。改革开放作为一项基本国策，是不可动摇的。改革开放是我国社会转型的基本动力，改革开放以来，我国社会发生了翻天覆地的变化，中国特色社会主义文化也取得了极大的发展。改革开放作为我国的基本国策，不仅适用于经济建设，同样也适用于文化建设。随着全球化时代的到来，任何国家关起门来搞建设显然都是不可能的。过去，我国曾长期处于闭关自守的状态，其中的原因当然是复杂的，但保守观念在其中的影响应该是一个很重要的原因。因此，中国要搞现代化建设就必须增强人们的开放意识，这是一场思想观念上的深刻革命。为了适应当今世界全球化的发展趋势，我国文化的发展也要紧紧跟上时代的步伐，"文化是对话，是交流思想和经验，是对其他价值观念和传统的鉴赏，文化将在孤立中消亡"❶。因此，在新时代文化自信的建构过程中，我们绝不能惧怕文化间的交流，要以开放的文化心态，将自身置于世界文化大潮之中，主动接受世界文化的洗礼，并作为与世界其他民族国家平等的一员积极地借鉴、吸收和传播人类文明的精华。

最后，文化建设主动地融入全球化进程是我国现代化建设的需要。当今，中国社会正处于现代化建设和全面建设小康社会的关键时期，由于我国是脱胎于经济文化都很落后的半殖民地半封建社会，由于目前我国还处在社会主义初级阶段，因此，我们要进行现代化

---

❶ 欧文·拉兹洛. 多种文化的星球：联合国教科文组织国际专家小组的报告［M］. 戴侃，辛未，译. 北京：社会科学文献出版社，2001：205.

建设，要解决人民日益增长的美好生活需要和不平衡不充分的发展之间的矛盾，仅靠我们自己的经验和资源是绝对不行的，历史上，我们闭关锁国造成的深刻教训就充分证明了这一点。中国特色社会主义先进文化是与时俱进的文化，在现代化进程中只有不断吸取人类文化之精华，才能充满旺盛的生命力，越来越自信。正如习近平总书记所言："历史告诉我们，只有交流互鉴，一种文明才能充满生命力。"❶ 因此，我们要完成现代化的历史任务，就必须充分利用全球化为我们带来的大好机遇，大胆吸收和借鉴人类社会创造的一切文明成果，尽快地发展自己。

综上所述，全球化是人类历史发展的一种必然趋势，中国文化作为全球化的重要组成部分，只有主动地融入其中，才能更好地得以发展，同样，只有我们的民族文化发展了，我们才能充满自信，同时也为人类文明的进步作出更大贡献。

2. 坚持马克思主义在意识形态领域的指导地位，旗帜鲜明反对和抵制各种错误观点

党的十九届四中全会指出，要"落实意识形态工作责任制，注意区分政治原则问题、思想认识问题、学术观点问题，旗帜鲜明反对和抵制各种错误观点"❷。

首先，要坚决抵制文化霸权主义。

随着全球化的不断深入推进，我国经济社会飞速发展，综合国力大大提高，但文化领域西方仍然占据主导地位。以美国为首的西方国家大搞意识形态渗透，极力对外进行文化输出，加紧推行其文化霸权主义。在这种以西方文明为主导话语权的全球化大背景下，我们亟须加强文化软实力建设和增强文化自信。只有坚守本民族的

---

❶ 习近平. 文明交流互鉴是推动人类文明进步和世界和平发展的重要动力 [J]. 求是，2019（09）.

❷ http：//www.hprc.org.cn/gsyj/zhutiyj/19j4z/201911/t20191113_5034217.html.

优秀文化，坚定文化自信，坚决抵抗文化霸权和侵略，才能更好地实现文化的交流发展。

文化霸权也被称作文化强权，是指一国从本国的利益和战略目标出发，通过文化渗透或扩张的方式，将其价值观念传播或强加给其他国家，以达到控制和征服其他国家的人心，重塑其他国家的行为方式、价值观念及社会制度的目的。文化霸权是霸权主义和强权政治在文化领域中的突出反映。冷战结束后，世界格局发生重大变化，西方国家特别是美国逐步认识到：要想称霸世界，再使用传统的经济和军事手段已经过时，而谋求文化上的霸权，把文化作为称霸世界的重要战略手段，达到"不战而屈人之兵"的目的，则不失为一项称霸世界的良策。所以，积极地在全球范围内实施文化霸权战略成了冷战结束后美国等西方国家对外关系的重要特征。在当今的西方国家中，美国在军事、经济等方面的实力领先于其他国家，正是这些综合实力和物质基础，使得其内在的扩张欲急剧膨胀，这种日益膨胀的扩张欲促使美国肆无忌惮地把自己的文化理念、价值观念等传播或强加给其他的民族和国家，在全球范围不遗余力地推行文化霸权。因此，美国的文化霸权在当代具有典型性。

美国等西方国家对中国推行文化霸权的特点主要表现在以下几个方面：第一，方式隐蔽。首先，以民主和人权为幌子干涉我国的内政。冷战结束后，实行社会主义制度的中国成了美国的心腹大患，美国企图以民主和人权为幌子来干涉我国的内政，进而颠覆我们的社会主义国家。其实，美国一直把民主和人权作为其对华推行霸权政策的精锐武器。自1990年开始，美国已经在联合国人权会议上多次提出反华提案，极力歪曲中国的人权状况，并试图在国际活动中把他们的文化传统和价值观念强加给我们。美国前国务卿基辛格说："冷战结束以后，美国总想单方面将自己的好恶强加于人，而且不考虑别人的反应或长远代价。"❶ 其次，假借对外文化交流、援助等项目对我国进行文化扩张和渗透。冷战结束后，美国不但增加了对外文化交流的项目，而且还配合了其他手段，如对外援助项目、投资项目等，这是西方国家推行其霸权政策的一种新形式，西方国家企图以这些方式，隐蔽地将其意识形态、社会制度等理念推销到中国来，以达到"西化"我国的目的。邓小平同志说："西方国家正在打一场没有硝烟的第三次世界大战。"❷ 所谓没有硝烟，其实就是说要通过秘密和隐蔽的方式，和平演变我们的社会主义国家。第二，规模庞大。西方国家对中国实施文化霸权的战略构想，就是要以经济上的优势为依托，大量"促销"西方的文化价值观念。美国参议员富布赖特说："一代人之后，我们与其他人进行社会价值观念交流的好坏要比我们军事、外交优势对世界格局的影响更大。"❸ 他们企图从经济领域入手，然后再向各个领域辐射。西方国家认为，只有他们的价值观念和意识形态能够被别国人民广泛接受，才有望继续巩固他们的霸权地位。于是，他们不惜一切代价，大规模地对外进行文化扩张和渗透。西方国家推行其文化侵略的手段是多样的，美国推出的"富布赖特"项目就是其中的一个，该项目始于1948年，在国际上影响很大。据统计，截至1997年，参加的国家已有140个之多，参加人数已超过24 5000人。由于"富布赖特"项目对外的"资助"对象主要是一些高级知识分子，因此美国政府尤其重视。据美国国会对外授权条例公布，美国政府在2000年和2001年这两年里对富布赖特项目的拨款均达1.12亿美元。近年来，随着全球化的迅速发展，西方国家尤其是美国的文化产品也大规模地对外倾销。

---

❶ 新华通讯社. 参考要闻，2000-01-10.
❷ 邓小平文选：第3卷[M]. 北京：人民出版社，2004：344.
❸ Philip H. Coombs. The Fourth Dimension of Foreign Policy: Educational and Affairs, New York, 1964: 8.

据美国商务部的统计,到 1996 年为止,美国的娱乐产品和软件在国际市场上的销售额已达 602 亿美元;联合国教科文组织的统计数据表明,到 80 年代末美国就已经控制了全球 75%的电视节目的生产和制作;在网络文化方面,众所周知,当前,美国文化占据了网上信息资源的 90%。这些文化商品兜售的早已不是其表面价值,而是西方国家的意识形态、生活方式和价值观念等。美国学者约翰·耶马说:"美国的真正'武器'是好莱坞的电影业、麦迪逊大街的形象设计厂、马特尔公司和可口可乐公司的生产线。"❶ 由此我们也可以感知,当今的全球化在更大的程度上也可以说是文化的"美国化"。第三,手段先进。自 20 世纪 90 年代以来,信息技术的飞速发展使人类进入了网络时代。网络的出现为世界不同民族间的文化交流提供了广阔的场域,但同时也为西方意识形态展开对外攻击提供了便利。西方文化霸权主义利用他们占统治地位的信息网络,让有利于他们的信息在世界范围内进行狂轰滥炸,这种信息时代的文化霸权主义被西方学者托马斯·麦克菲尔称为"电子殖民主义"。与美国等西方发达国家相比,我国在互联网等高新科技方面还处于劣势地位,因此,当前我国在对舆论导向和"第四媒体"的控制方面难度还是很大的。

鉴于以上情况,警惕和抵制文化霸权主义,已成为当今许多国家的共识。中国作为世界上最大的发展中和社会主义国家,强烈反对文化霸权主义。对于美国等西方国家的文化侵略,我们必须保持高度的警惕,并通过制定合理的文化战略,积极应对。第一,加快经济发展,增强我国的综合国力,夯实我国文化自信建构的物质基础。文化自信必须有硬实力支撑,没有硬实力,增强文化自信只能是一种空想。如果不是近些年我国经济实力大大增强,我们何谈文

---

❶ The Boston Globe. 1996 – 07 – 28.

化自信？经济是基础，我们必须紧紧抓住经济建设这个中心不动摇，加快发展自己。只有经济发展了，我们的综合国力更加强大了，我们才有足够的实力去抵制和反对文化霸权主义。在当今时代，以美国为首的西方国家之所以能在全球化中扮演主要角色，根本原因就在于其具有强大的经济基础作为后盾。在当今全球化背景下，两种不同社会制度之间的竞争其实就是综合国力的竞争，而综合国力的核心又是科学技术。因此，抵御文化霸权、发展经济的关键就是要大力进行科技创新，实现科技的跨越式发展。为此，我们一方面要尽快提高我们自己自主创新的能力，另一方面也要积极地引进并消化和吸收国外的先进技术，努力提高国家整体的自主创新水平。只有这样，我们的经济才会快速增长，我们才能在全球文化交流中抓住更多的机遇，赢得更大的主动权。第二，坚持和完善繁荣发展社会主义先进文化的制度，努力建设中国特色社会主义先进文化，筑牢文化自信建构的精神之基。党的十九届四中全会指出："发展社会主义先进文化、广泛凝聚人民精神力量，是国家治理体系和治理能力现代化的深厚支撑。"❶ 社会主义先进文化代表着中国文化前进的方向，以软实力推动着深度转型中的中国社会建设。新时代中国特色社会主义文化建设就是要为中华民族伟大复兴的实现提供强有力的精神支撑。因此，在全球化的大潮中，为了我国文化更好的发展，我们必须紧跟时代发展的步伐，加快推进我国社会主义的先进文化建设，促使社会主义先进文化的制度不断地完善繁荣发展。然而，加速发展的全球化在促进各民族文化全球性交融的同时，也造成了西方强势文化的侵略性传播，导致了弱势文化的边缘化，加剧了当今国际社会文化的冲突。在这样的背景下，要建设有中国特色的社会主义先进文化，首先，坚持以社会主义核心价值观引领文化建设

---

❶ http://www.hprc.org.cn/gsyj/zhutiyj/19j4z/201911/t20191113_5034217.html.

制度。我们要搞好社会主义核心价值体系的建设，否则，我们的社会主义建设就会失去根本、迷失方向。其次，我们要立足民族文化，学习和借鉴人类创造的一切优秀成果。在人类历史上，各民族的文化都是在相互交流、取长补短的过程中实现发展进步的，在当今全球化的大背景下，大胆抓住与异质文化交流、碰撞的大好契机，勇于学习和借鉴各民族文化中的优秀成果，也是建设有中国特色社会主义先进文化的重要内容。最后，积极推动国际新秩序的建立，为文化自信的建构创造有利的国际环境。在当今全球化的大背景下，争取有利的国际环境和发展空间对我国的现代化建设来说意义重大。习近平总书记说："中国是现行国际体系的参与者、建设者、贡献者，同时也是受益者。"中国的发展与世界的前途命运紧密相连。要搞好我国文化建设的国际环境，首先，我们要处理好与发达资本主义国家的关系。我们与西方国家在文化方面还存在着一定的差距，这是现实的问题，为了缩短差距，我们需要加强与西方国家的团结与合作，吸引我国文化建设急需的资金，学习他们在文化建设方面优秀的经验与方法，这对于我们来说，当然是实现文化发展的明智之举。其次，我们要加强与广大发展中国家的合作，共同抵制文化霸权主义。面对当今西方资本主义国家的文化霸权，发展中国家很难通过单个的力量与霸权主义相抗衡，因此，中国只有和发展中国家团结起来，共同抗击霸权主义，才能在推动国际新秩序的建构中发挥更大的作用。

  中国不搞文化霸权，也坚决反对任何国家搞文化霸权，维护世界和平是我们一贯的主张。邓小平同志指出："我们的对外政策……是反对霸权主义、强权政治，维护世界和平。"❶ 在当今全球化的进程中，我们只有坚决地抵制文化霸权主义，才能保证我国文化自信

---

❶ 邓小平文选：第3卷［M］.北京：人民出版社，1993：282.

建构的顺利推进，也才能使全球化带来的福音公平地泽及全人类。

其次，要旗帜鲜明地反对民族虚无主义和狭隘民族主义。

在全球化的进程中，面对强势文化和弱势文化之间的落差，人们很容易产生民族虚无主义和狭隘民族主义两种倾向。

民族虚无主义将自己看得一无是处，对本民族文化失去信心，认为一切都是外国的好，应该从根本上接受西方文化，抛弃民族传统文化。我国现代化进程中的民族虚无主义有其特定的含义，它主要是指在我国向现代化迈进的过程中，那些主张彻底否定中国传统文化，全盘接受西方文化，以此来实现中国文化现代化的思维方式或行为方式。我国民族虚无主义的产生主要有以下几方面的原因：首先，民族虚无主义者缺乏对问题的深入思考和全面反省，他们只看到传统文化的消极方面，而对传统文化的积极方面视而不见，把现实中一切不尽如人意的地方统统都归罪于传统文化，月亮是外国的圆，水是外国的甜，认为只有全盘否定传统文化才是中国走上现代化的唯一出路。其次，民族虚无主义者把传统文化与现代化绝对对立起来，认为两者不可兼容，要么是传统，要么是现代化，非此即彼。结果为了现代化，他们毫不犹豫地选择了抛弃传统的路子。再次，民族虚无主义者把现代化完全等同于"西化"。他们认为，"西化"是现代化的唯一形式。当他们用"西化"的标准去衡量中国传统文化时，感到中国传统文化毫无时代价值可言。民族虚无主义发展下去只会造成民族凝聚力的极大涣散和国家的全盘"西化"，对国家和民族的危害是极大的。

狭隘民族主义与民族虚无主义恰恰相反。狭隘民族主义认为自己一切都好，在全球化的大背景下，面对西方强势文化的刺激，大肆宣扬西方文化的弊端，拒绝接受西方的一切文化，认为自己天下第一，极力主张固守本民族文化。狭隘民族主义的产生主要是以下原因造成的：首先，狭隘民族主义者诉诸人们对所处地域和血缘关系本能的留恋，盲目地煽动人们的排外情绪。他们夜郎自大，极力压制人们对现行体制中落后和不合理因素的批判和改造。狭隘民族主义者往往把对本民族的颂扬和崇拜与对其他民族贬低和丑化联系在一起，将本民族中的落后和荒唐的东西包装遮盖起来，使之免受现代化的冲击。其次，狭隘民族主义者对传统不加分析，把目光只盯在传统文化的精华上，甚至牵强附会地把一些并不存在的东西强加于老祖宗头上，顶礼膜拜，到处贴金，以此来满足自己"曾经富过""华夏中心"等虚荣心。狭隘民族主义发展下去只会重蹈闭关锁国的旧辙，误国误民，成为我们融入全球化的大障碍。

当然，两种倾向都是我们要坚决予以反对的。民族虚无主义和狭隘民族主义都因为绝对化立场而走向了自己的反面。他们缺乏对问题的全面分析，对国家和民族的发展造成了极大的危害。

在人类历史上，虽然各民族国家"由于不同的文化底蕴、不同的文化环境以及不同的文化价值观，产生了许多不同的文化选择"❶。但是，我们首先应该承认，无论是东方文化还是西方文化，其本身都必然含有人类智慧的结晶，当今的"全球化并没有使东方文化或西方文化成为单一的文化"❷。而是促使了文化在更大范围内的交流与融合。如果我们只强调保持本民族文化的"纯洁"而拒绝与其他民族文化进行交流和学习，只强调本民族文化的优越而无视其他民族文化的可取之处，我们最终只会陷入民族虚无主义和狭隘民族主义误区。

要有效地反对民族虚无主义和狭隘民族主义，我们必须要做好以下两方面的工作：首先，我们对传统民族文化要有一个全面的认识。中国作为有着悠久历史的文明古国，其文化在数千年的发展过程中精华与糟粕是并存的。中国传统文化中的精华当然是我们应当

---

❶ 吴健. 东方价值：世界文化共享 [J]. 理论导刊，2004（01）：45.
❷ 李资政. 东西方文化与现代化 [N]. 联合早报，2004-04-22.

继承的，而它的劣根性则是我们应该彻底批判和摒弃的。当前，中华民族正处于伟大复兴时期，我们必须对老祖宗为我们留下的传统文化有一个清醒的认识和恰当的定位。我们既要认真发掘传统文化的丰富内涵，积极向世界展示其独特的魅力，又要深刻反省其中存在的问题与缺陷，以便我们能更好地吸取其他文化的精华，尽快实现我国传统文化的现代性转化。其次，要正确对待西方文化。对于西方文化霸权的理论与实践，我们当然要进行深入的研究并采取充分的措施予以抵制。但同时，我们也要学会在马克思主义的世界观和方法论的指导下，实事求是地评价和对待西方文化。和中国文化一样，西方文化也同样存在精华与糟粕。因此，我们既要看到西方文化的缺点，也要看到其中属于人类属于世界的部分，绝不能因为反对西方的文化霸权，而对西方文化进行全盘否定。

中国文化是整个中华民族数千年集体智慧的结晶。当代中国的先进文化是我们在对传统文化和国外文化进行批判分析的基础上综合创新出来的新文化。中国文化与西方文化存在着很大的互补，这正是在当今全球化的进程中世界需要中国、中国也需要世界的原因。我们的文化自信建设，要在全球化的大背景中，在不断吸收中外文化精华的基础上，进行综合创新，促使社会主义先进文化的制度不断地完善繁荣发展，更好地构筑中国精神、中国价值、中国力量。

（二）定位当代中国文化，增强文化自信

在庆祝中国共产党成立 95 周年大会上，习近平总书记首次把"文化自信"与"道路自信、理论自信、制度自信"并提，文化自信于是成为继道路自信、理论自信和制度自信之后，中国特色社会主义的"第四个自信"。习近平总书记指出：我们要坚定中国特色社会主义道路自信、理论自信、制度自信，说到底是要坚持文化自信。要坚持文化自信，首先要对中国当代文化有一个合理的定位。

中国是一个有着悠久的、完整的文化传统的国家，中国文化是当今人类社会多元文化中的一元，华夏文明强大的文化传统在许多方面有着自己的特色，在当今文化全球化时代多元文化并存的情况下，我们必须给中华文化一个恰当的定位。只有充分地了解和认清自己，才能明白自己的优势和劣势，也才能在中外文化之间的碰撞和融合中更自觉地进行文化批判和文化选择，从而使我们的文化更加根深叶茂、永葆青春。

1. 当代中国文化属于东方文化

众所周知，东方文化，特别是中国文化，曾经一度站在世界文化的屋脊之上，使以农耕自然经济为基础的东方文化，走向了它的巅峰，创造了令世人称羡的辉煌。然而，工业革命发生后，西方近代文化飞速发展，相比之下，东方文化明显落后了，19世纪中期以后，在西学东渐的思潮之下，传统的东方文化被迫开始了向以工业经济为基础的现代文化的艰难转型。时至今日，一方面，经过一个半世纪的转型，东方文化在与西方工业文明的冲突与融合中，已在相当程度上实现了现代性转换，其完整形态早已不复存在。但是，另一方面，在东方文化圈中的人们的深层次意识空间里，传统文化仍然深深地影响着他们的性格、心理，乃至思想观念和行为方式。就是说，传统东方文化的现代化过程还未完成。因此，处于东方文化圈中的中国文化，也仍然属于东方文化。这是因为，和西方文化相比，中华文明强大的文化传统在许多方面有着自己独特的地方。

第一，东方传统文化的影响仍然存在。首先，中国传统文化具有比较强烈的伦理特性。中国文化的伦理特性源于古代社会宗法制度的完善。中国是在血缘纽带解体不充分的情况下步入阶级社会的，因而形成了独特的宗法制度。血亲意识是社会意识的轴心。这种意识经过历代统治者的加工改造，或转化为法律条文，或形成宗法式的伦理道德，从而长久地统治着人们的思想和行为。在这种情况下，中国传统文化对人文或人际关系的重视胜过对自然或人与自然关系的重视。自然知识不是人们做学问的最终目的，"内圣外王"是人们追求的人生境界。宋代大儒朱熹教导弟子说"如今为此学而不穷天理、明人伦、讲圣言、通世故，乃存心于一草一木、器用之间，此是何学问"❶。明显把器用之学排除在学问之外。黑格尔也说："中国纯粹建筑在这一种道德的结合上，国家的特性便是客观的家庭孝敬。"❷ 中国传统文化对伦理关系的强调主要着眼于人的先天身份地位、封建等级关系、血缘关系、情感关系或宗法关系等，它是一种东方群体本位的伦理文化，同时是一种自然主义的文化，它造成了对个性的自由和个体创造性的严重压抑。而工业文明或现代化的实质是个体化和理性化进程，因此，这种伦理文化同现代理性文化中基于契约、法制而结成的平等、自由、理性的交往关系和伦理关系有着极大的不同。其次，中国文化属于传统农业文明的文化模式。农业在中国历史上一直发挥着基础性的作用。钱穆说："中国文化始终在自由农村的园地上滋长。"❸在中国，农业人口占绝大多数，农民大多以土为本，过着安逸闲适的生活，缺乏自由探索的精神，他们以自然村落为单位，生活在封闭、狭隘的日常生活世界和熟人社会里，他们讲求信用但不重视契约，注重经验理性但却不追求纯理性。这种传统农业文明的文化模式是一种自然主义和经验主义的文化模式，它是人们在生产和生活中遵循经验、常识、习俗等自在的文化要素自觉或不自觉地形成的一种文化积淀。这种文化模式有着极其顽强的生命力，它至今依然是中国文化现代化深层的阻滞力和羁绊。作为人们的生存方式和生活样式，其基本特征是：以农业自然家庭为社会细胞，以自然经济为基础，依据自然节律而自发地进

---

❶ 朱熹．朱文公文集．答陈齐仲．
❷ 黑格尔．历史哲学［M］．北京：三联书店，1956：65．
❸ 钱穆．中国文化史导论［M］．台北：正中书局，1951：94．

行的重复性实践活动，属于分散性的小农经济。由此可见，"乡土性"是中国农业社会文化的总体特征。社会化大生产的发展模式在中国还尚未真正建立起来。最后，中国传统文化具有超稳定性结构。中国传统文化的伦理类型和农耕经济模式的特点使它具有超稳定的结构。农业文明的立根基础是以一家一户为生产单位的封闭性的自然经济。农业文明条件下的农民日出而作、日暮而息，终生封闭在他们世世代代熟悉的天然共同体中，追求安定平和的闲适生活，有着安土乐天的精神情趣。他们生活在原始给定的天人合一的自然环境之中，成为自然的链条。在诗人的眼中，这是世外桃源般美仑美奂的生活。然而，我们应当用一种理性的历史视野来观照我们的现实生活。这种自在自发、封闭落后和周而复始的生活，必然导致社会缺少足够的内在驱动力。生活在这种境界中的人们，更多的是把自己嵌入自然链条之中，很难萌生超越自在的生存状态，进行自觉创造的冲动，他们虽然促进了农耕经济的发展和持续性，但同时又严重阻碍了经济的发展。这也正是中国几千年来发展缓慢的重要原因之一。中国发达的农本社会是以自然经济为基础，以血缘关系为纽带的宗法社会。在传统农业文明条件下，中国不发达的社会结构是按照自然主义和经验主义原则组织运作的。社会的政治和管理机构亦是如此，它们不过是家庭和血缘关系的自然放大。在中国封建政体中，家国同构，人们之间的等级关系、血缘关系、情感关系或宗法关系，织成一张极大的网，延伸到社会的各个层面。及至近代，即使在传统的计划经济体制下，尽管世袭制度早已取消，但社会中任人唯亲的新的裙带关系，仍然严重地干扰了社会政治民主化和法制化的进程。由此可见，中国传统的这种血缘和宗法伦理社会结构，试图使人凭借一种习惯和经验而顺其自然地生存，它抑制了人的主体性与创造性，阻碍了社会的内在超越和发展进步。

第二，东方文化缺乏与现代化相适应的理性主义和人本精神。

第五章 中国特色社会主义文化自信建构存在的问题及对策建议

中国传统文化本质上是经验主义文化，对经验的过分重视，使理性主义在中国传统文化中处于缺席的状态。正是这种与农业社会相适应的文化模式决定了中国的现代化是在外来力量的冲击下被动地开始，而不是从内部主动开始的。自鸦片战争开始，虽然中国的现代化转型已有百余年之久，但重理性的文化精神并没有引起足够的重视，传统重经验的文化精神也没有从根本上得以改变，这是与现代化格格不入的。除了理性主义精神之外，中国传统文化还缺乏人本主义精神。在中国的传统社会中，真正意义上的个人从未出现过，虽然有民本思想的存在，但他们一直是作为群体一员的身份存在的。而西方的人本主义充分张扬人的个性与价值，也正是这种人本主义精神，使西方文化的发展显示为人类不断获得解放的一种进程，从普罗泰戈拉的人是万物的尺度到康德的人是目的，都表现着西方的人本主义精神，而文艺复兴给人类带来的解放更是无与伦比。对于中国文化中理性精神的缺位和人本精神的匮乏，梁漱溟先生在《东西文化及其哲学》一书中通过比较中西文化的异同，做出了深层分析。他说：中西相比，主要存在两方面的差别，一是西方重科学，一切事情都要根据科学，就连养鸡牧羊也不例外；中国刚好相反，一切重经验，靠手艺，就连看病吃药也是如此。"大约在西方便是艺术也是科学化；而在东方便是科学也是艺术化……科学求公原则，要大家公认证实的；所以前人所有的今人都得有，其所贵便在新发明，而一步一步地脚踏实地，逐步前进，当然今胜于古。艺术在乎天才密巧，是个人独得的，前人的造诣，后人每觉赶不上，其所贵便在祖传秘诀，而自然要叹今不如古……明白这科学艺术的分途，西方人之所以喜新，而事实日新月异；东方人之所以好古，而事事几千年不见进步，自足无怪。"❶ 二是西方重视个人的独立和自由，

---

❶ 梁漱溟. 东西文化及其哲学 [M]. 北京：商务印书馆, 1999: 35.

而中国人却没有从群体中独立出来。"总而言之，据我看西方社会与我们不同所在，这'个性伸展社会发达'八字足以尽之，不能复外，这样新异的色彩，给它个简单的名称便是'德谟克拉西（democracy）'。……所有的西方化通是这'德谟克拉西'与前头所说的'科学'两神的结晶。"❶ 通过以上精辟的分析可以得知，与西方相比，中国从总体上缺乏与现代化相适应的理性主义和人本精神。因此，中国当代的文化建设必须自觉地把理性主义和人本精神的确立放在重要的位置。

从以上分析可以看出中国传统文化在现代化的进程中所面临的危机，但我们绝不能就此否认中国传统文化的价值，我们还要看到中国文化中蕴含着大量人类智慧的精华，它曾对古代世界文明的进步作出了无与伦比的贡献。当今，中国文化在世界文化中的价值正日益彰显出来，在现实生活中也正在发生着越来越广泛和深刻的影响。中国文化（以儒、佛、道为主）在提升人的道德境界、协调社会关系以及调节人的心理及生理平衡等方面的积极作用已引起共识，并已在现代生活中被广泛而合理地运用于治理国家、保护环境、发展经济等各个领域。例如，在东方文化的宝库中，有丰富的适用于现代社会人际关系的伦理理论和原则，剔除其封建糟粕后，这些原则对于医治当今社会尤其是一些发达国家中一切以物质利益为中心而造成的冷漠的人际关系，有着十分积极的作用。同时，这些伦理原则推广到其他领域，也可以发挥巨大的价值。例如，当前在新加坡、日本及欧美一些西方国家，他们把《孙子兵法》《老子》《论语》等中国古代优秀典籍中深邃的思想理论和原则，经过融会贯通、吸收借鉴、消化创新之后，将其用于现代的国家治理和企业的经营中去，取得了不菲的成绩。这样的经验是十分值得推广和重视的，

---

❶ 梁漱溟. 东西文化及其哲学 [M]. 北京：商务印书馆，1999：49.

它同时也是东方文化为现代化服务、向现代化转化的生动体现,其中体现的浓厚的东方文化色彩,已引起了世界的广泛瞩目。

2. 当代中国文化是中国社会转型期的文化

"社会转型"是英语 Social Transformation 一词的释义,它源于西方社会学理论,主要指社会发生的重大而深刻的变化。世界现代化进程使工业主义渗透到社会的各个领域,推动着传统社会向现代社会的大转变,从而引发社会整体性结构的变化,这就是社会转型。社会转型是社会向更高的发展阶段迈进的必然过程,也是民族国家进行现代化时必须面对的内部环境。

中国的社会转型自鸦片战争就开始了,鉴于中国传统文化的悠久与强大,中国的社会转型过程漫长而艰难。自20世纪70年代末80年代初,当代中国社会进入了一个重要而又十分快速和深入的社会转型期,当前,中国正处于一个多层面、全方位的快速转型阶段,这一转型的动力来自中国社会对现代化的强烈追求,转型的核心是经济体制的转轨。我国社会的转型主要是指从计划经济向市场经济、从农业社会向工业社会、从封闭性社会向开放性社会的变迁和发展,总的来说就是指从传统社会向现代社会的转型。这种结构转型不是某些单项社会发展指标的实现,它牵涉结构转换、机制转轨、利益调整和观念转变等一系列的内容,是一种整体的和全面的结构状态过渡。在此期间,人们的行为方式、生活方式、价值观念都会发生显著的变化。20世纪80年代初出现的商品经济大潮强烈地冲击了在中国实行了三十多年的计划经济体制,在我国政府改革政策的推动下,市场经济体制逐步形成并得到了迅猛发展,与此同时,中国社会的经济、政治、文化和人们的生活方式发生了深刻变革。2000年10月11日,中共十五届五中全会在《中共中央关于制定国民经济和社会发展第十个五年计划的建议》中,对20多年来改革开放给中国经济社会带来的发展变化做了一个总结性的表述:"二十多年的改革开放和发展,使我国的生产力水平迈上了一个大台阶,商品短缺状况基本结束,市场供求关系发生了重大变化;社会主义市场经济体制初步建立,市场机制在配置资源中日益明显地发挥基础性作用,经济发展的体制环境发生了重大变化;全方位对外开放格局基本形成,开放型经济迅速发展,对外经济关系发生了重大变化。"这些重大变化,是当代中国社会转型基本情况的真实写照。

社会转型必然引起文化的转型。关于什么是文化转型?汤一介先生的见解得到了学界较普遍的认可,他认为:"所谓文化转型是指在某一时期内,文化发展明显地产生危机或断裂,同时又进行急剧的重组与更新。""文化的发展大体上总是通过'认同'与'离异'两种作用进行。'认同'表现为与主流文化一致的阐释,是在一定范围内向纵深方向发展,是对已成模式的进一步开掘,同时表现为对异己力量的排斥和压抑,其作用在于巩固主流文化已经确立的种种界限和规模,使之得以巩固和凝聚。'离异'则表现为批判和扬弃,即在一定时期内,对主流文化的否定和怀疑,打乱既成规范和界限,兼容被排斥的、释放被压抑的能量,因而形成对主流文化的冲击乃至颠覆。这种'离异'作用占主导地位的阶段就是文化转型时期。"❶汤一介教授对于文化转型的这些观点大体上可以作为研究当代中国文化转型和建设的一个基本坐标。当代中国社会正以市场经济的建构为中介,逐步超越传统农耕文化的厚重积淀,实现从传统农业文明向现代工业文明的转型,因此,当今中国的文化转型过程实际上是农业文明的文化模式与工业文明的文化模式之间的碰撞与对抗的过程。由于中国传统文化的原因,也由于当今中国社会转型面临的国际环境不断变化的原因,当前中国的文化转型表现出自身独特的特点。首先,中国的文化转型会经历一个较长的过程。这是

---

❶ 汤一介. 转型时期的中国文化发展 [J]. 21 世纪(香港中文大学), 1991 (07).

第五章 中国特色社会主义文化自信建构存在的问题及对策建议

因为，一方面，传统文化对人们的影响异常强大，对其转换需要一个过程；另一方面，今天中国所面临的文化转型是一个全新的课题，既不能照搬别国的经验，也没有历史的经验做指导，需要在实践中摸索前进。"中国自从鸦片战争与西方文化照面以来，它所处的历史环境及脉络也是特殊的。它是中国历史上从来没有发生过的。正如李鸿章所说的，这是三千年来未有之大变。在这个特殊的历史环境及脉络中，我们所面对的是全新的东西，而我们所碰到的问题也是崭新的问题。在这样一个完全陌生的环境中，老的思想体系可能已经没有办法应付。这种没有办法应付不仅是没有办法解决自己目前的问题，甚至是没有办法了解自己以及指出自己所面对的是些什么问题。"❶ 以上两方面的原因决定了中国的文化转型将会是一个漫长的过程。其次，中国的文化转型面临着极其复杂的形势。一是中国当代的文化转型是外源性的，是在西方文化的压力下发生的，因此，中国文化对西方文化的感情是复杂的，既承认其合理性，又仇视它；既要在一定程度上接受它，又从内心深处抵触它。二是当代中国的文化转型发生在西方现代文化出现了深刻的危机之后，这就无异使问题更加复杂化了。衣俊卿说："所谓中国社会转型和现代化的特殊历史定位是指这样一个事实：中国的现代化与西方发达国家的现代化有一个很大的时代落差，即我们不是在西方工业文明方兴未艾、朝气蓬勃之际来实现由传统农业文明向现代工业文明的社会转型和现代化，而是在西方工业文明已经高度发达，以致出现自身的弊端和危机，并开始受到批判和责难而向后现代工业文明过渡之时才开始向工业文明过渡的。"❷ 可以看出，当前的中国文化陷入了前现代、现代、后现代文化的夹缝之中，多重文化相互抗衡、激烈冲突，

---

❶ 石元康. 从中国文化到现代性：典范转移 [M]. 北京：生活·读书·新知三联书店，2000：31.

❷ 衣俊卿. 文化哲学 [M]. 昆明：云南人民出版社，2001：2.

导致中国的文化转型进入一个非常复杂的时期。从以上分析可以看出，中国的文化转型任重道远。当今的文化转型仍然是这个过程的继续，虽然经历了一百多年的变迁，中国的现代化转型仍在进行之中。

中国的现代化转型虽然步履维艰，但这种转型已经给我国的文化建设带来了巨大变化：中国的现代化运动无疑把经济建设放在了中心的位置，政治和文化建设仍然服从和服务于经济建设，但文化建设退出了政治运动的旋涡，向经济建设中心靠拢；文化资源由原来的国家垄断转向由社会共同分享，一元独尊的文化格局被多元并存、多样发展的文化格局取而代之；文化艺术生产日益进入商品生产领域，文化产业蓬勃发展；大众文化日益深入人们的日常生活，成为社会观念形成的主要资源和渠道。随着经济和政治体制改革的进行，人们的经济生活不断丰富，政治环境更加宽松，这些变化，使文化取得了更大的发展空间，文化的对外开放全方位展开，在文化全球化的进程中，中国文化已经成为世界文化发展格局中的重要一元，中国真正地融入了国际社会。文化方面的变化还有太多，这些当代中国文化发展的新景观表明，中国文化正在发生重大转型。可以说，"我们正处在传统社会向现代化社会的'过渡时期'，我们的文化正处在打破原有秩序、重建新秩序的历史转型期。传统文化的积极因素与消极因素共同活在现代人的生活中，西方文化与中国文化共同作用于我们的实践行为，我们生活在一个多元重构的矛盾境地中，承受着多方面文化引力的作用。"❶ 面对当今历史提供给我们的机遇与挑战，只有积极应对，我们才能在各方面都顺利完成具有重要意义的现代化转型。

3. 当代中国文化是有中国特色社会主义的文化

"有中国特色社会主义的文化"这一概念最早由李瑞环同志提

---

❶ 李振纲. 文化忧思录［M］. 保定：河北大学出版社，1994：278.

第五章 中国特色社会主义文化自信建构存在的问题及对策建议

出,1990年1月10日,在全国文化艺术工作情况交流座谈会的讲话中,他指出:"建设有中国特色社会主义,不但要建设有中国特色社会主义的政治和经济,而且要建设有中国特色的社会主义的文化。"他说:"建设有中国特色的社会主义新文化,一定要植根于中华民族文化的深厚土壤,深入地研究中国的历史文化,弘扬中华民族文化的优秀传统。"同时我们还要"积极借鉴一切对我有用的外来文化。"❶ 1991年7月1日,江泽民同志在《在庆祝中国共产党成立七十周年大会上的讲话》中对建设"中国特色社会主义文化"提出了具体的战略任务和基本要求。他指出:"有中国特色社会主义的文化,必须以马克思列宁主义、毛泽东思想为指导,不能搞指导思想的多元化,必须坚持为人民服务、为社会主义服务的方向和百花齐放、百家争鸣的方针,繁荣和发展社会主义文化,不允许毒害人民、污染社会和反社会主义的东西泛滥必须继承发扬民族优秀传统文化而又充分体现社会主义时代精神,立足本国而又充分吸收世界文化优秀成果,不允许搞民族虚无主义和全盘西化。"❷ 1997年9月召开的中国共产党第十五次全国代表大会,是世纪之交把建设有中国特色社会主义事业全面推向21世纪的大会。大会比较系统地阐明了中国特色社会主义文化的基本纲领。大会报告提出:"建设有中国特色社会主义文化,就是以马克思主义为指导,以培育有理想、有道德、有文化、有纪律的公民为目标,发展面向现代化、面向世界、面向未来的,民族的、科学的、大众的社会主义文化。这就要坚持用邓小平理论武装全党,教育人民,努力提高全民族的思想道德素质和教育科学文化水平;坚持为人民服务、为社会主义服务的方向和百花齐放、百家争鸣的方针,重在建设,繁荣学术和文艺。建设立足

---

❶ 社会主义精神文明建设文献选编[M].北京:中央文献出版社,1996:367—368.

❷ 十三大以来重要文献选编:下[M].北京:人民出版社,1993:1643—1644.

中国现实、继承历史文化优秀传统、吸收外国文化有益成果的社会主义精神文明。"❶ 这个简明的纲领，标志着中国特色社会主义文化建设理论的基本形成。

这些纲领性的文件，为当代中国的文化建设指明了正确的方向，它们同时也表明，我们正在建设的文化是有中国特色社会主义的文化，它是中国的现代化文化，具有以下明显特征：

其一是社会主义性。中国特色社会主义文化的社会主义性首先体现在马克思主义对其的指导地位上，马克思主义揭示了人类社会发展的客观规律，是无产阶级认识世界改造世界的理论武器。不以马克思主义为指导的文化就不是社会主义的文化。在当代，马克思主义在我国文化建设中是占统治地位的意识形态，因此，在文化建设过程中，我们要以马克思的思维框架去整理当今的各种文化要素和文化观念，用马克思主义的思维模式进行综合的文化创新，使其更好地为社会主义现代化服务；中国文化的社会主义性还体现在它的人民性上。我国文化的性质是由中国特色的社会主义经济制度和中国特色的社会主义政治制度共同决定的。我国是以公有制为主体的社会主义经济制度和人民民主专政的社会主义的政治制度决定了我国的文化必然为广大人民群众服务。人民需要文化，文化也更需要人民。把文化交给群众，创造面向大众的文化，也是社会主义文化本身的要求。

其二是民族性。中国特色社会主义文化的又一个特征就是民族性，即有"中国特色"。中国特色社会主义文化的现代化首先必须立足于民族。中华民族创造了优秀的传统文化，为人类历史作出了巨大的贡献，在当今我们文化现代化的进程中，我们同样也能以此为母体，不断创新中国文化，使其对人类文化的发展发挥更大的作用；

---

❶ 中国共产党第十五次全国代表大会文件汇编 [M]. 北京：人民出版社，1997：19—20.

中国特色社会主义文化的民族性还体现在它必须植根于中国特色的社会主义实践,反映时代特色。任何文化的民族性,归根结底都只能到相应民族的现实的生动实践中去寻找。任何一种有强大生命力的文化,都是与时俱进的文化。马克思主义虽然是世界性的哲学,但它提供给我们的只是一般的世界观和方法论,我们只有把它与中国的具体实践相结合并不断地开拓创新,才能正确地发挥它认识世界和改造世界的作用。因此,今天中国特色的文化建设只有植根于中国改革开放和现代化建设的伟大实践中,才能不断地汲取前进的动力,并不断满足人民群众日益增长的精神需求。只有这种与时代精神相统一的文化,才是真正有"中国特色"的文化。

其三是开放性。在现代社会,文化开放是文化创新、文化发展的主要方式。中国特色社会主义文化是世界文化的组成部分,具有开放性和吸纳性。中国文化要走向现代化,就必须以开放和包容的心态,吸收借鉴世界各民族优秀文化成果,同时也向世界展示中国文化建设的成就。在文化开放中,我们还要自觉抵制各种腐朽思想文化的侵蚀,处理好民族文化和外来文化的关系,用世界的眼光、清醒的头脑、宽阔的胸怀,在比较和鉴别中,积极认识和吸取世界文化中的优秀成果,实现我国社会主义新文化的良性发展,从而使我们在社会主义现代化建设的伟大实践中,创造出更加绚丽多彩的有中国特色的社会主义文化,对人类文明作出应有的贡献。

改革开放40多年来,中国特色社会主义文化的发展始终以马克思主义为指导思想,坚持实事求是,坚持改革开放,服务于国家现代化,服务于人民大众,无论在理论还是在实践上都取得了巨大的进步。党的十七大的胜利召开,社会主义核心价值体系的构建、和谐文化的建设又为中国特色社会主义的文化发展勾画出了一幅壮阔的蓝图,这些都将成为社会主义文化发展史上的伟大成就。在中国共产党的领导下,高度的精神文明将与高度的物质文明一道,共同促进国家的繁荣昌盛。

（三）努力挖掘中国文化在文化全球化中的价值

中国的日益强大使中国文化的力量再次凸显出来。当今，中国文化在世界文化体系建构中发挥着越来越大的作用。作为一个世界大国，中国要想真正在世界文化体系中取得一个与大国身份相称的主动权，就必须成功地让国际社会广泛接受和认同中国文化及其所包含的普遍价值。因此，在全球化背景下，我们要顺应全球文化交流发展的潮流，立足于世界文化发展的前沿，从中国的实际出发，积极建构既能满足我国社会实践发展的需要，又能回答全球化实践提出的重大问题，从而不断化解人类生存困境的先进文化。

1. 中国文化的价值生命力

习近平总书记指出："中华文明绵延数千年，有其独特的价值体系。……今天，我们提倡和弘扬社会主义核心价值观，必须从中汲取丰富营养，否则就不会有生命力和影响力。"❶ 作为一个有着五千年文明历史的古国，中国有着保持几千年绵延不断的文化历史记载，形成了独具特色的文化因素。习总书记说："2000多年前，中国就出现了诸子百家的盛况，老子、孔子、墨子等思想家上究天文、下究地理，广泛探讨人与人、人与社会、人与自然关系的真谛，提出了博大精深的思想体系！他们提出的很多理念……至今深深影响着中国人的生活！"❷ 中华民族包括五十六个民族，这决定了中国文化的内容宏富、形式多样。虽然中国传统文化内容庞杂，但各种文化在和而不同中发展，在相互交流中融合，集中体现着中华民族的精神，其精华部分，历久弥新，闪烁着永恒的价值和生命力。

---

❶ 习近平. 青年要自觉践行社会主义核心价值观——在北京大学师生座谈会上的讲话 [N]. 人民日报, 2014-05-05.

❷ 习近平. 在布鲁日欧洲学院的演讲 [N]. 人民日报, 2014-04-02.

党的十八大召开以来，以习近平同志为核心的党中央十分重视传统文化问题，多次强调对传统文化的传承与创新问题。习近平总书记指出，中华文化孕育了中华民族的宝贵精神品格，有其独特的价值体系，能为我们治国理政提供重要的思想文化资源。他要求对传统文化的继承和弘扬要本着择其善者而从之、其不善者而去之的正确态度，对传统文化进行"超越式传承"。

习近平总书记认为"执古之道，以御今之有"，习总书记治国理政的许多新思想新理念，都是对传统优秀文化的继承与发展。

第一，"天人合一"文化的传承与超越。

自然生态环境是人类赖以生存和发展的基础。在人与自然的关系问题上，我国传统文化提倡的"天人合一"理论，形成了独具特色的中国传统生态文化，是实现可持续发展战略的哲学基础。"天人合一"的思想主张把自然界与人类社会看成一个相互联系、和谐平衡的有序运动过程。如果人类活动打破了人与自然之间的平衡，造成了人与自然之间秩序的紊乱，人类就会遭遇到许多难以预料的灾难与不幸。《周易·乾封·文言》中"大人者与天地合其德，与日月合其明，与四时合其序"的思想奠定了"天人合一"理论的基础。孔子的"知天命""畏天命"、道家强调的"顺天"、荀子强调的"参天"等思想，都暗含有要求人们顺应自然社会的客观规律，强调天人之间的协调发展的意思。《韩非子·五蠹》中："古者丈夫不耕，草木之实足食也。妇人不织，禽兽之皮足衣也。……今人有五子不为多，子又有五子，大父未死而有二十五孙，是以人民众而货财寡，事力劳而供养薄。"韩非子认为随着社会的发展，人口的增多，供人类利用的自然资源会逐渐匮乏，强调了自然资源是有限的，人们要加以合理地利用和保护。北宋张载《西铭》中"民吾国胞，物吾与也"的思想，指明了万物与我同类，物我一体的哲理，把"天人合一"理论发挥到了极致，指出人类要以自然为同类和朋友，关心和保护自然，争取让自然为人类带来更多的幸福。这是一种全新的生态伦理观。这种新的天人观对于解决我们今天面临的生态环境恶化、资源危机、可持续发展能力衰退等问题，具有积极的学习价值与参考价值。

习近平总书记在继承传统"天人合一"文化思想的基础上，提出了生态文明建设的理念。在十八大报告中，生态文明建设被提升为党的执政方针，并把"美丽中国"作为我国生态文明建设的宏伟目标。这一目标继承了"天人合一"的传统文化思想，是对"天人合一"发展理念的传承和创新。习总书记一直倡导天人合一，人与自然和谐发展的思想理念。他指出，我们要尊重自然，今天我们所做的一切都要从客观实际出发，顺应和遵从客观规律，只有这样，才能做到"天人合一"、人与自然的和谐相处。

党的十八大以来，习总书记还多次强调，"生态环境没有替代品，用之不觉，失之难存。"习总书记指出："生态文明是继农业、工业文明之后的一个新阶段。"要"像保护眼睛一样保护生态环境，像对待生命一样对待生态环境"。习近平总书记指出，"中国将按照尊重自然、顺应自然、保护自然的理念……把生态文明建设融入经济、政治、文化、社会建设的各方面和全过程。"❶ 马克思指出："这种共产主义，作为完成了的自然主义＝人道主义，而作为完成了的人道主义＝自然主义，它是人和自然之间、人和人之间的矛盾的真正解决。"❷ 习近平总书记的生态文明思想是马克思主义生态文明思想的继承与发展，丰富了天人合一理念。

第二，"群体和谐"文化的传承和超越。

和谐是中国传统文化普遍追求的一种最高境界。因为"有着5000多年历史的中华文明始终崇尚和平、和睦、和谐，并把它深深

---

❶ http：//theory.people.com.cn/n1/2017/0117/c352499－29030443.html.
❷ 马克思.1844年经济学哲学手稿［M］.北京：人民出版社，1985：77.

溶化于中国人民的血脉之中"❶。中国传统哲学崇尚宇宙的统一性，主张不同事物间的和而不同、和谐相处，这些思想让西方哲学家赞赏不已。以儒家文化为代表的中华传统文化向来讲究"海纳百川，有容乃大"，孔子在《论语·子路》中说"君子和而不同，小人同而不和"。指出了人与人之间要和谐相处。孔子认为，作为君子，要有宽广的胸怀，能够尊重不同的建议，容纳不同的见解，既要承认人与人之间的差异，又不让差异成为人们之间和谐的障碍。孔子提出的"和而不同"或者说"贵为和"思想，形成了中华文化宽厚容忍、兼容并蓄的优秀文化传统，使中华文化异常博大精深，这同时也是为什么自古至今外来文化只能对中华文化起一种补充作用，而不能完全取而代之的源之所在。江泽民同志在访问美国布什图书馆时说："和而不同，是社会事物和社会关系发展的一条重要规律，也是人们处世行事应该遵循的准则，是人类各种文明协调发展的真谛。"❷

习总书记指出"和"，即和合、和谐、中和的思想。他说，自然与社会的和谐，个体与群体的和谐，"这种'群体和谐思想'，是我们中华民族一直追求的一种文化理念，也是中华民族的理想所在。"习总书记认为，中华民族早在2000多年前就认识到了"和谐共生"的道理。在当今文化全球化的背景下，对待不同国家的文化形态，我们绝不能只看到事物的表面现象，我们要深入事物的本质中去了解它们所包含的丰富内涵，尤其要去领会其中包含的人文思想。"万物并育而不相害，道并行而不相悖"等优秀古代传统文化思想要求我们要尊重世界文化的多样性，推动不同文明之间的交流而不是对抗，各种文明都应以宽容的价值理念来对待，不同价值观念并存于这个世界，更不应将某种单一的原则强加给别的文明。在2014年5月的国际友好大会上，习近平总书记说："以和为贵，与人为善，己

---

❶ 习近平在德国科尔伯基金会的演讲 [N]. 人民日报，2014-03-30.
❷ 江泽民文选：第3卷[M]. 北京：人民出版社，2006：523-524.

所不欲、勿施于人等理念在中国代代相传，深深植根于中国人的精神中，深深体现在中国人的行为上。"❶习近平总书记认为，"世界上有200多个国家和地区，2500多个民族和众多宗教，创造了丰富多彩的文明，每一种文明都是人类共同的宝藏。"习近平总书记指出："中国将坚定不移沿着和平发展道路走下去，这对中国有利，对亚洲有利，对世界也有利，任何力量都不能动摇中国和平发展的信念。"❷习总书记说："中华民族的血液中没有侵略他人、称霸世界的基因，中国人民不接受'国强必霸'的逻辑，愿意同世界各国人民和睦相处、和谐发展，共谋和平、共护和平、共享和平。"我们民族的凝聚力、创造力甚至我们中华民族传统文化的精髓也正在于这种伟大的"群体和谐"思想。现在我们正在构建社会主义和谐社会，和谐社会大力倡导和谐文化，力争通过和谐文化建设，减弱或消除各种摩擦和冲突，实现社会美好的和谐，这显然是传统文化中"和而不同"思想现代价值的充分彰显，是中国传统的"和"文化在现代的具体实践。习总书记以其深厚的国学积淀，对"群体和谐"及内容功能的科学概括，使我国传统"和"文化提升到了一个新水平。

第三，"大同之道"文化的传承与超越。

儒家文化所提倡的"大同之道"，是实现人的全面自主发展，引导全人类走向平等互助、共同富裕、人人幸福的最高的社会理想追求。儒家大同世界思想首先见于《礼记·礼运》篇："大道之行也，天下为公，选贤与能，讲信修睦。故人不独亲其亲，不独子其子，使老有所终，壮有所用，幼有所长，鳏寡孤独废疾者皆有所养。……是故谋闭不兴，盗窃乱贼而不作，故外户而不闭。是谓大同。"孔子所指出的"仁者爱人""泛爱众"的"大同之道"，成为中国人几千年来的美好愿望，是东方的"理想国"，是全人类向往的

---

❶ http://news.ifeng.com/a/20160922/50008998_0.shtml.

❷ http://bbs1.people.com.cn/post/1/1/2/140223395.html.

理想社会。

可以看出,儒家的大同世界是基于完善人性而对人类理想生存空间所做的设计和构想,其构建的理想世界是以道德为核心,把道德看作社会协调的主要的甚至是唯一的支柱。显然,这种社会理想模式缺乏现实性,在理论上也很薄弱,但对现在的人类来说,它有其合理的内核。从当代社会实际来看,人类社会危机无不源于利己主义与狭隘立场。如果人们都以个人利益为目的,人类将永远处于纷争和混乱之中。而要想放弃自我中心主义,舍小利而取大义,恐怕道德回归是必不可缺的,因为,只有在道德力量的指引下,个人与社会才会真正地融为一体,私有观念将不复存在。社会各成员之间才会相互信任、亲密无间、团结合作,而这正是人类实现大同理想的精神基础和必由之路。由此可见,中国传统文化中的道德理想,对人类终极理想的实现具有重要的启迪意义。今天,我国建设"和谐社会"目标的提出,显然蕴含着现代人对传统文化"大同"思想的认同与传承,是我们对理想社会状态的构想与追求。

毛泽东同志曾这样描述他心中的大同社会:"康有为写了《大同书》,他没有也不可能找到一条到达大同的路。……唯一的路是经过工人阶级领导的人民共和国。"❶ 他的思想为我们国家向大同社会前进指明了方向。继毛主席后,邓小平同志为我们实现共产主义"大同之道",提出了"小康社会"的构想和目标。为此,我们同心同力、奋勇向前。

党的十八大以来,习近平总书记在我们传统文化原有"大同之道"的基础上,提出了"中国梦"的重要思想和执政理念。他提出了"讲仁爱、重民本、守诚信、崇正义、尚和合、求大同"六个范畴。

---

❶ 毛泽东选集:第四卷[M].北京:人民出版社,1991.

党的十八大以来，习近平总书记在很多场合强调"天下为公""大道之行"思想。在孙中山先生诞辰150周年纪念大会上，习近平总书记高度赞扬了孙中山先生的"天下为公"思想。他要求大家学习孙中山先生天下为公的情怀，争取像孙中山先生一样，以"天下为公"为最高思想境界，力争全心全意为人民谋福祉。

2013年10月24日，习近平总书记在周边外交工作座谈会上的讲话指出："把中国梦同周边各国人民过上美好生活的愿望、同地区发展前景对接起来，让命运共同体意识在周边国家落地生根。"习近平总书记在国际交往的多种场合一再重申："中国梦是和平、发展、合作、共赢的梦，与世界各国人民的美好梦想相通。"他指出，"中国梦是中华民族近代以来最伟大梦想""中国梦是奉献世界的梦"。他认为，"求大同"是"中国梦"的最高目标。习近平总书记的这一"大同之道"思想既是对中华优秀传统文化的继承与创新，又是对马克思主义中国化的发展。

中国特色社会主义道路是一条光明大道，我们要建成的小康社会的重大价值和意义就在于它要开辟以人为核心的未来社会的新境界。人类的彻底解放是马克思主义的主导价值取向。伟大的革命导师马克思、恩格斯指出，社会发展就是人类不断地消灭现存状况、实现人的自由全面发展的现实运动。改革开放以来，我国现代化进程飞速发展，为小康社会的实现奠定了坚实的物质基础和有利的社会条件。在经济高速发展的前提下，当前我们应该把促进人的现代化建设提升到更加突出的位置上来，为中国梦的实现打下更坚实的基础。我们要建设的小康社会是要实现人的彻底解放和自由全面发展，其出发点和落脚点都是人。邓小平同志曾经多次强调：我们的战略目标就是在小康社会的基础上达到中等发达国家水平。我们的党带领全国人民一直在为此目标奋力前进。当前我们进入了全面建成小康社会的决胜阶段，无论道路怎么曲折，形势怎么复杂，都必须牢牢把握"发展""全面"这些关键要素,克服制约我们前进道路上的一切艰难险阻,为小康社会的到来营造更加健康的社会环境。

任何一个民族都会有其传统文化,一个民族的传统文化是一个民族的灵魂,也是一个民族精神上的万里长城。"中华文化源远流长,积淀着中华民族最深层的精神追求,代表着中华民族独特的精神标识,为中华民族生生不息发展壮大提供了丰厚滋养。"❶ 中华优秀传统文化是中华民族智慧的结晶,它既具有民族性的深厚底蕴,又具有现代性的理想价值,而中国传统文化的真正价值在于与现代的结合,只有与现代充分结合,中国传统文化才能在今天显示出鲜活的价值,焕发出新的活力,放射出耀眼的光芒。以习近平同志为总书记的党中央本着要"有鉴别地加以对待,有扬弃地予以继承",和"择其善者而从之、其不善者而去之"的科学态度,将传统文化精髓融入国家建设的方方面面,实现了对传统文化的完美"超越式传承",开启了党和国家最高领导人运用传统文化展现治国理政情怀的新篇章。

2. 中国文化的普世价值

在现代社会,如何努力克服工业社会发展带来的种种弊端,妥善处理好人与自然、人与社会、人与人、人与自我心灵以及不同文明之间的矛盾与冲突,保持世界的和平与安宁,是当今人类面临的共同问题和挑战。这些问题困扰着我们的社会和每一个人,而要解决这些问题,我们很难从西方文化中寻找到答案。现在,越来越多的人开始把寻求的目光转向了中国传统文化,有人提出"如果西方的个人主义适合于工业化的初期发展,儒家的集体主义或许更适合于大工业化的时代"。1988 年,75 位诺贝尔奖获得者在巴黎向世界呼吁:如果人类要在 21 世纪生存下去,必须吸取孔子的智慧。❷ 从

---

❶ http://opinion.people.com.cn/n1/2016/1027/c1003-28811016.html.
❷ 高丙中. 中国文化与世界文化的碰撞与融通 [J]. 中国文化研究,1996 (14).

中可以看出，在当今信息和全球化时代，中国传统文化引起了世人的极大关注。"一种文化是否值得支持和提倡，要看它能否科学地反映、体现人类社会生活的规律和发展趋势。"❶ 中国传统文化博大精深，浸润着精妙绝伦的智慧，包含着丰富的适用于人类社会发展的规律。自古以来我国文化就源源不断地向世界传播，并对世界文化的发展作出了重要的贡献。在当今全球化时代，面对工业社会给我们带来的困惑与危机，中国传统文化可以为我们思考、解答这些问题提供有益的思想资源，对当代社会具有的独特价值。

第一，中国优秀传统文化为当今世界和平与发展时代主题的实现提供重要的思想理论资源。中国优秀传统文化所追求的事物和谐、均衡和稳定，正是当今世界和平与发展时代主题所追求的目标。中国传统文化中的"仁者爱人"（《论语·颜渊》），主张"仁爱"，"爱"必然要求和平，而这样的"仁爱"，正是普遍人性和人类理性所需要的，是化解当今国际冲突、建立和平幸福的新秩序所不可或缺的人类公德和公理之基础；"和为贵"（《论语·学而》），是解决人与人之间及国家之间的分歧与争端，达成彼此间的共识、维持人类和平、帮助社会发展的最佳思维方式；"四海之内，皆兄弟也"（《论语·颜渊》），倡导创造世界范围的和谐仁爱氛围，为建立国际政治新秩序奠定了坚实的基础；"己所不欲，勿施于人"（《论语·卫灵公》），是做人的基本道德准则，也是提高人类道德素质和维系社会稳定的伦理基础。"兼相爱，交相利"（《墨子·兼爱》），主张在处理国与国之间的关系以及一切国际事务，应以互爱互利的原则来实现天下的和平与发展等。这些优秀的思想是中国传统文化的基本人文精神导向，也是当今世界多元文化相互融汇的思想基础。

当今，伴随着全球化的深入发展，文化在国家中的作用越来越

---

❶ 周文彰. 论文化价值观：下[J]. 中国党政干部论坛，2006（11）.

突出,全球社会正处在一个关键的十字路口,是继续推行强势文化霸权而导致冲突和战争,还是通过增强不同文化间的相互理解和宽容而走向人类的和平?这个关乎人类前途命运的选择正在考验着全人类的智慧。中国文化中的"和为贵""仁者爱人""己所不欲,勿施于人"等思维方式无疑能够为这一问题提供一种思想方法上的借鉴,对建立公正合理的国际政治经济新秩序具有重要意义。

第二,中国优秀传统文化对于克服现代化进程中人类面临的种种危机有着不容忽视的指导和启示作用。在现代社会,人类面临着种种危机与困惑。今天,全球资源、环境、生态、人口等问题都十分严峻。要化解这些危机,中国传统文化的价值就凸显出来了。中国传统所关注的是人与自然、人与社会及人与人之间的和谐关系,它追求的是一种真、善、美的人生境界。例如,用儒家的"天人合一"思想来解决我们今天人类所面临的种种危机,我们就会发现中国文化之大用:首先,"天人合一"强调人与自然的"合一"。随着科技和工业的高度发展,人类不仅创造了改造自然的手段,同时也造成了日益严重的生态环境危机。纵观世界各国,在经济利益的刺激下,为了追求一时经济的发展而忽视生态效益的现象比比皆是,据《世界资源2000—2001年:人与生态系统:被磨损的生命网络》的报告描述,全球生态环境衰退状况令人担忧:20世纪,全世界约30%的林地被农业占用;世界森林面积已减少一半;过去的50年里,全世界2/3的农田土壤退化,半数湿地消失等。❶ 这些残酷的现实对我们人类的影响是巨大和深远的,重新构建人与自然之间的和谐关系,当前已经引起世界各国政府的极大重视,而人与自然和谐共处的关系,说到底就是一种天人合一的关系。其次,"天人合一"强调人的道德要与天合一。在全球经济飞速发展的今天,人类的精

---

❶ 沈清基. 全球生态环境问题及其城市规划的应对 [J]. 城市规划汇刊,2001 (15):19-25.

神危机问题日益凸显。放纵欲念,没有节制,道德沦丧等成为当今社会有识之士痛心疾首的话题。其实,从当代的社会实际来看,人类社会危机无不源于利己主义与狭隘立场。而要让人放弃私欲实现道德回归,就必须把外在天的精神即社会公共道德内化为人自身的德行,实现人与道德的"天人合一"。这种天人合一要求很高,是一种道德境界的天和人的合一。只有在这种道德力量的引导下,人才可能变得宽容而厚爱,这也是人类走向未来美好的共产主义社会的精神基础和必由之路。总之,中国传统文化对于开阔人的视野、变化人的气质、涵养人的德行、提升人的精神等,都有积极的价值。今天我们正处在一个经济飞速发展的时代,面对许多新的危机与问题,人们的心灵世界也面临许多困惑,要更好地化解这些危机与困惑,就需要充分利用中国优秀传统文化中的积极因素,并结合当今的实际情况,适应新的时代特点,形成新的价值体系,使中国传统文化在推动世界的文明与进步方面作出新的更大的贡献。

中国传统文化给我们提供的是一种大思想、大智慧,它从宏大的生存视角与博爱胸怀的层面上,把人与人、人与物、人与自然的关系统合起来,实现了人对自身世俗立场的超越。因此,可以说,传统文化的价值不在于其狭隘和有限的功利之用,而在于其人生之妙用和大用。20世纪之初,罗素就曾向世人呼吁:"中国至高无上的伦理品质中的一些东西,现代世界极为需要。"❶ 罗素的呼吁,应该可以作为我们重新认识中国传统文化的一个基本高度。在当今文化全球化时代,随着中国文化在世界更大范围内的交流与传扬,中国文化将会得到更多世人的认可,其价值也将会更充分地彰显出来。

(四)建设新时代中国特色法治文化

全面依法治国是中国特色社会主义的本质要求和重要保障,是

---

❶ 伯兰特·罗素. 中国问题[M]. 北京:学林出版社,1996:154.

国家治理的一场深刻革命。全面依法治国不仅需要完善法律制度，而且需要建设法治文化，让法治信仰、法治意识、法治观念、法治思维在全社会牢固树立起来。对此，习近平同志指出，"提高全体人民特别是各级领导干部和国家机关工作人员的宪法意识和法制观念，弘扬社会主义法治精神，努力培育社会主义法治文化。"党的十九大报告明确要求："加大全民普法力度，建设社会主义法治文化，树立宪法法律至上、法律面前人人平等的法治理念。"法治文化建立起来了，人民群众的文化自信会大大提高。

1. 法治文化是推进依法治国的强大动力

党的十八届四中全会审议通过的《中共中央关于全面推进依法治国若干重大问题的决定》指出，"法律的权威源自人民的内心拥护和真诚信仰"❶，同时强调，"必须弘扬社会主义法治精神，建设社会主义法治文化，增强全社会厉行法治的积极性和主动性，形成守法光荣、违法可耻的社会氛围，使全体人民都成为社会主义法治的忠实崇尚者、自觉遵守者、坚定捍卫者。"❷ 这些论述深刻阐述了守法意识、法治精神、法治信仰等法治文化因素在法治中国建设中的重要性。

（1）什么是法治文化

法治文化，可以分为显型结构层面的法治文化和隐性层面的法治文化两大部分。❸ 显性法治，是一国法律文化的表现形式，它包括：有关法治的规章制度和组织机构、法治设施，等等。隐性法治，属于理念层面的成分，它深藏于社会深层，是一国政治法律文化的根基，它包括：人们的法治观念、法治意识、法治思想、法治价值观等精神部分的内容。我们现在讲法治文化，主要讲隐性的法治文化，因为它决定着法治的性质和方向，是法治的灵魂。

---

❶❷ http://www.ce.cn/xwzx/gnsz/gdxw/201410/28/t20141028_3795791.shtml.
❸ 刘斌.当代法治文化的理论构想［J］.中国政法大学学报，2007（01）.

（2）法治文化对文化自信建构的巨大推动作用

国家层面：法治文化能推进党的纯洁性建设，坚定全体人民的文化自信。

中国共产党是工人阶级的先锋队，是执政党，是我们的领路人。这就要求共产党员高标准、严要求，普通群众达不到的标准，党员必须首先做到，所以党纪严于国法。各级领导干部是党和国家政策法律的具体执行者，代表着党和国家的形象，其一言一行对一般干部和群众有着巨大的示范效应。古人说，"其身正，不令而行；其身不正，虽令不从。"孔子说："政者，正也。子帅以正，孰敢不正？"上梁不正下梁歪，每位党员干部只有把公平正义的法治精神化入心中，才会明白自身的职责和使命，国家才会一派风清气正，群众才能更加坚定早日实现依法治国的战略，更坚定中国特色社会主义文化自信，更自觉守法。

政府层面：法治文化能提高领导干部法治思维能力和依法办事能力，不断培育人民的文化自信。

政府部门如果能遵循法治的各种原则和精神，用法治思维去行政和执法，那法治建设就会起到事半功倍的效果，效率大大提高，就会促进科学立法、严格执法，从而达到公正司法目标的实现。

社会层面：法治文化能增强全民法治文化观念，形成坚定文化自信的强大合力。

依法治国的推进靠的是全体人民的真心拥护，没有广大人民群众的支持拥护，何谈建设法治社会。卢梭曾言："规章只不过是穹窿顶上的拱梁，而唯有慢慢诞生的风尚才最后构成那个穹窿顶上的不可动摇的拱心石。"❶ 只有广大人民群众认识到法治的重要性时，整个国家的法治风尚才能诞生。每个人的法治自觉就像一条条溪流，

---

❶ 卢梭. 社会契约论［M］. 何兆武，译. 北京：商务印书馆，1980.

汇合在一起才能形成一股不可抗拒的巨大洪流，推动我们法治文化建设滚滚向前。

3. 怎样建设法治文化

依法治国，就是要建设一个公平正义、公正无私的社会，因此，我们要建设法治中国，就是要把法治弘扬的公平、公正等法治精神植入人们的心中。

（1）坚持党的领导是法治文化形成的根本保证

我们国家有三十个多个省市自治区，五十六个民族，如果想拧成一股绳的话，需要一个坚强的领导核心，无论从历史还是现实来看，能把全国各个民族凝聚在一起，搞社会主义现代化建设的，只有中国共产党。没有一个坚强的领导核心，我们将一事无成，依法治国必须坚持中国共产党的领导。

（2）良法善治是法治文化实现的前提

良法，就是好的法律。古希腊著名思想家亚里士多德指出，"法治"一词的基本含义应包含两重意义：已成立的法律获得普遍的服从，而大家所服从的法律应该是制定的良好的法律。党的十八届四中全会审议通过了《决定》指出，法律是治国之重器，良法是善治之前提。依法治国必须有法可依，但我们有的法律必须是反映人民意志的良法。

善治就是好的治国理政方式。对于当前的中国建设来说，这个善治就是法治。要实现依法治国，就要落实好良法善治。

把官员的权力关进制度的笼子。英国思想家阿克顿说，权力导致腐败，绝对权力导致绝对腐败。有专家曾经一针见血地指出：当权力失去20%的监督时，它就蠢蠢欲动；当权力失去40%的监督时，它就忘乎所以；当权力失去60%的监督时，它就破门而出；当权力失去80%的监督时，它就敢以身试法；当权力失去100%的监督时，它就不怕上断头台。❶ 所以，为了防止权力这只猛虎害人，必须用笼子把它装起来，让它在限制的范围内活动，避免它无法无天。

把人民的民主权利放出来。把权力关进笼子后，管好和看好这个笼子的人是人民，在这种情况下，那就要保证人民民主权利得到充分的实现。只有宪法保障下的民主得以充分的实现，法治建设才不会脱轨。

（3）刚性约束是法治文化形成的保证

法律的使命在于实施，但执法容易守法难，尤其是像我们这样一个已经习惯了人情和关系的社会，要让法治成为习惯，会有更大的难度。大量事实反复证明，习惯形成之初，刚性约束是习惯养成的好办法。

现在机动车过马路闯红灯、酒驾这些行为几乎没有了，这些行为能得到有效控制，刚性约束起了关键作用。不遵守这些规则，不但要接受罚款，关键是要扣驾照就会失效，而重新参加学习和考试。扣分达到一定数额，驾照被扣除了。行人闯红灯为什么屡禁不止，就因为没有刚性约束，反正规则在那儿，绝大多数人知道闯红灯是不对的，但闯了也没人管，所以就径直走，对红灯视而不见。新加坡给我们留下的印象是干净美观、井然有序，其实这些表象是严格执法的结果。很多不守法行为在那里是要执行鞭刑的。我们暂不评论鞭刑的好坏，但刚性约束作用是显而易见的。所以中国当前要让法治形成习惯，只有严格执行各项法律法规，用刚性约束帮助大家约束不合法行为，促成法治习惯尽快形成。

（4）道德建设是支撑

曾有一位哲人说过，世界上有两样东西最能震撼人们的心灵——内心崇高的道德，头顶上灿烂的星空。德是人之灵魂、民族之精神、

---

❶ http://cpc.people.com.cn/GB/64093/64099/16258378.html.

国家之基础。

人们都说，法律是道德的最后一道防线，要搞好法治建设，首先就要守住维护社会公平正义的最后一道防线。所以法治文化的形成，应普法和育德并重。

首先是普法。我们的普法由来已久，30年前的1985年全国人大十三次会议通过了"一五"普法的决定，由此拉开普法的序幕。转眼间已经进入了"六五"普法阶段，老百姓的法律意识虽然有所增加，但现实生活中不懂法、不用法的人也还很多。建设法治中国，就要在普法上下真功夫，下狠功夫。

要像扫除文盲一样扫除法盲。文盲与法盲是相伴而生的，文盲更是法盲，一个文盲、法盲众多的社会一定不是法治社会，也一定不会有法治文化。现在，我们国家实行九年制义务教育，以后，不必扫盲了，现在，我们要有同样的决心，争取像过去扫文盲那样去扫除法盲。要想搞好普法，新时期的法制教育应该注意以下几点：

由"法制宣传"转向"法治宣传"。普法不仅向民众宣传法律知识，更重要的是宣传法治理念，培育民众的法治意识和法治文化，就是法律背后的精神。有许多的是非曲直，普通人凭直觉也能断出个一二来。靠的是什么？显然不是法律条文，其实靠的是法律背后的法理，也就是法的精神。普法中，我们要把法律中的平等、等价有偿、诚实守信等法治精神贯穿于普法活动的始终。让全社会都形成这样的法治理念，那就达到了我们现阶段普法的真正目的。

其次是育德。有这样一则故事：许衡是我国古代著名的理学家。宋元之际，世道纷乱，许衡外出，因天气炎热，口渴难忍。路边恰有梨树，行人都去摘梨，唯有许衡不摘。有人问"何不摘梨解渴"？他回答："不是自己的梨，哪能去摘？"那人说："世道这样乱，管他是谁的梨呢。"许衡正色道："梨虽无主，我心有主。"如果我们

人人都达到了对任何事情，不管规矩在不在，都有我心有主的境界。法治文化也就真正地形成了。

德育的培养，对现在的中国来说，一方面积极践行和弘扬社会主义核心价值观，另一方面也要积极培育官德，官德的形成对法治文化的形成起着至关重要的作用。官员如果自身有德，本身对老百姓就是一个再好不过的活教材。各级领导干部是党和国家政策法律的具体执行者，代表着党和国家的形象，其一言一行都有着巨大的示范效应。只有领导干部带头遵守法律，法治文化精神才能得以彰显。

（5）持之以恒是关键

法治中国提出来了，历史的展开是一个过程，法治文化的形成也是一个漫长的过程，不可能昨天刚提出依法治国，今天就成了井然有序的法治中国。只有持之以恒的坚持，才会有法治文化美好愿景的到来。

现在很多人羡慕西方的法治社会，觉得他们目前法治文化氛围比我们浓厚，但这是他们经历了几百年发展的结果。

中国从1978年改革开放到今天有40多年，在市场经济发展还不完善的进程中，社会上出现唯利是图、不讲诚信等现象都是难以避免的。但大家也应该惊喜地看到，我们用40多年走过了西方两百年的路，我们的经济建设在世界现在已经排名第二，我们要坚信我国的法治和法治文化建设一定会和经济建设一样，大踏步前进，跨越式发展。在一个有14亿多人口的发展中大国建设社会主义法治文化，实现人人自觉遵法、学法、守法、用法，是一项长期而艰巨的历史任务。在文化方面，需要让社会主义法治文化与中国人的精神结构、文明基因、历史传统对接，这样才能厚植法治文化的思想根基和中国人民的文化自信。

第六章 提升新时代文化自信的实践路径

一、在完善发展中增强文化自信

当今,我们正处在深刻变革的时代,同时也是文化高速发展的时代,因此,缺乏战略性的盲目思考和短视的文化发展观是根本不适应当今形势的,也绝对有碍于我们文化自信的提升。面对当今我国文化建设中的一些矛盾和问题,我们要有科学的前瞻性,要把握世界文化发展的脉搏和我国未来几个阶段中文化发展的趋势,研究全球化背景下加快我国文化发展的新途径、新办法,对我国的文化发展做出整体和长远的战略规划。

(一)明确文化建设的目标体系

文化建设属于人类自觉的文化活动,因此,任何国家的文化建设都会有特定具体的目标追求。在国家文化建设的决策中,确定国家文化建设的目标是全部决策活动的核心和重点。西方发达国家在文化建设中都对本国文化发展前景进行了展望,提出了本国文化建设的战略目标。制定和实施国家文化建设目标是这些国家提升文化实力的成功经验。文化建设是一个包含众多内容和形式的复杂的系统工程,相应地,我国文化建设的目标是由许多目标组成的一个完整的目标体系,它对于我们的文化建设活动具有重要的导向、规范和引领作用,因此,这是必须首先要搞清楚的。总的来说,中国文化建设的目标体系可以从以下两个方面来认识。

第一,文化建设的总体目标。我国文化建设的总体目标是要把我国建设成为文化强国。中国是一个文化资源大国,但还不是世界上的文化强国。要实现文化强国的目标,我们就必须积极投身于文化建设的宏大事业之中。"没有本能的、固有的民族抱负(他甚至无须强有力的表述),任何民族都无法立足于伟大国家之列。只有那些国家,具有以某种不确定的方式促成在文化上自发地爆发出不断探索和取胜的、富于自信、敢于竞争和充满活力的欲望,才能自行转变成一个明显高出别国一头的实体。这一欲望反映了共同致力于民族富强伟大的荣耀和命运的无数人,全心全意献身精神所表达的神秘使命感。"❶文化强国的建设目标,就是要使国家的文化与政治、经济在国际上的影响力同步增长,拥有与大国地位相称的文化实力。要使当代中国的文化建设达到预定目标,我们的文化在整体上就应该具有以下功能:有力地支持我国经济的快速增长;有效地促进政治民主法制化和社会现代化进程;有效地提高国民素质和培育"四有"的合格公民。要实现文化强国的目标,我们就应该借鉴国际社会的成功经验,确立文化建设的总体战略与相应的国家文化战略配套系统,大力促进各项具体文化事业的协调发展,为最终实现文化强国的目标奠定坚实的基础。

第二,文化建设的具体目标。中国的文化建设包含着十分丰富的内容与形式。中国的现代文化早已形成了一个庞大的系统,社会主义又是一个追求全面发展的社会形态,这决定了我国文化建设的具体目标结构必然是全方位、立体化的。从主体上划分,我国文化建设的具体目标主要包括民族文化、区域文化、企业文化和组织文

---

❶ 布热津斯基. 大失控与大混乱 [M]. 北京:中国社会科学出版社,1995:128.

化建设；从内容上划分，我国文化建设的具体目标主要包括思想道德建设和科学文化建设；从社会地位上划分，文化建设的具体目标主要包括主流文化、精英文化和大众文化建设；从层次上划分，我国文化建设的具体目标主要包括精神文化建设、制度文化建设和文化设施建设。以上这些不同的具体文化建设领域和文化建设项目构成了一个完整的文化生态系统，它们彼此依存、相互联系，不可割裂与偏废任何一个方面。为了实现我国文化建设的宏伟目标，我们必须对我国文化建设的这些具体目标进行整体定位、整体设计和整体规划，使它们繁而不乱、有条不紊、协调发展，从而达到文化系统的生态平衡，并最终促进我国社会的全面发展。

总体来看，我国文化建设的总体目标与具体目标是互为前提，相辅相成的。我国文化建设的目标体系既体现了社会主义文化的本质要求，也体现了我们文化具有中国特色的个性特点和目标追求。

(二) 树立和落实新的文化发展理念

党的十九大报告指出，要"坚定文化自信，建设社会主义文化强国"。这既是我们国家发展的需要，也是顺应当今世界文化发展的需要。新世纪新阶段，文化的作用更加突出，文化建设的任务也越来越重。尤其在当今全球化的大背景下，我们更要顺应当今世界文化发展的趋势，着力改变那些不合时宜的旧思想、旧观念，构建有利于文化科学发展的体制机制，牢固树立符合科学发展观要求的新的文化发展理念，推动社会主义文化的大发展大繁荣。

第一，建设社会主义核心价值体系，筑牢社会主义先进文化的根基。

任何社会都有自己的核心价值体系。一般来说，一个社会的核心价值体系总是该社会意识形态的本质体现，与该社会基本制度及其要求相适应，并决定着该社会文化建设的性质和方向。我国社会主义核心价值体系反映了社会主义先进文化的本质特征，是社会主义制度的内在精神之魂，集中体现着社会主义社会建设主体的理想和愿望。建设社会主义先进文化，必须以建设社会主义核心价值体系为根本。

"马克思主义指导思想，中国特色社会主义共同理想，以爱国主义为核心的民族精神和以改革创新为核心的时代精神，社会主义荣辱观，构成社会主义核心价值体系的基本内容。"❶ 社会主义核心价值体系这四个方面的基本内容有机统一，既相互联系又各有侧重，旗帜鲜明地回答了当今在我国各种思想文化相互交织、相互激荡的复杂情况下，我们党用什么样的精神旗帜来不断增强全民族的向心力和凝聚力以及对外的引领力和感召力的根本问题，为我们新时期的文化建设指明了方向。首先，马克思主义指导思想居于社会主义核心价值体系的最高层面，是社会主义核心价值体系的灵魂，决定着社会主义核心价值体系的性质和方向，是我们立党立国的根本。在长期革命和建设的实践中，我党坚持把马克思主义的基本原理与中国具体实际相结合，形成了毛泽东思想、邓小平理论、"三个代表"重要思想等中国特色社会主义理论体系，这些重大理论成果是我党宝贵的政治和精神财富，指导着中国革命和建设不断地从胜利走向胜利。实践证明，只有坚持马克思主义的指导地位，我们才能够在错综复杂的社会现象中明辨事情的本质，保证我们文化建设的正确方向。其次，中国特色社会主义的共同理想是对国家、民族立足于现实条件而确立的对未来美好社会前景共同的价值追求。这个共同理想就是在中国共产党领导下，坚持走中国特色社会主义道路，最终实现中华民族的伟大复兴。这一共同理想具有强大的吸引力、感染力和凝聚力，是全民族的精神纽带和团结奋斗的强大动力，因

---

❶ 中共中央关于构建社会主义和谐社会若干重大问题的决定 [N]. 人民日报，2006-10-19.

此，必须在全社会树立和弘扬这一共同理想。再次，以爱国主义为核心的民族精神和以改革创新为核心的时代精神是使全体人民保持昂扬向上精神状态的不竭动力。以爱国主义为核心的伟大民族精神，已经成为各族人民团结一心、共同奋斗的价值取向。以改革创新为核心的时代精神，是马克思主义与时俱进的理论品格，已经成为各族人民不断开拓进取的精神力量，是推进时代发展进步的强大思想动力。因此，必须坚持用民族精神和时代精神鼓舞斗志。最后，社会主义荣辱观是对中华民族精神和传统美德的提炼和升华，具有很强的时代性和针对性。以"八荣八耻"为主要内容的社会主义荣辱观，旗帜鲜明地指出了全体社会成员在社会主义市场经济条件下应当坚持什么、反对什么，集中体现了正确的世界观、人生观、价值观和道德观，不仅具有广泛性，而且有先进性。因此，必须坚持用社会主义荣辱观引领社会风尚。

社会主义核心价值体系，构成了我们时代的精神坐标，是我们党在新时期理论创新的又一重大成果。社会主义核心价值体系的建设，必将进一步推动社会主义文化的大发展大繁荣。

第二，保护文化生态，实现文化的可持续发展。

文化生态是与自然生态相对应的一个概念，意在借用生态学的方法对文化进行研究，表征的是文化如同生命体一样也具有生态特征。在一定时期内，文化体系内部各个具体文化形式之间相互联系、相互影响、相互制约，从而使得人类的文化导向平衡，经久不衰。当代中国文化生态是一个处于世界文化生态体系之中、由多种文化类型组成的有机复合系统。在该系统中，任何一种文化都不能单独发生作用，各文化类型之间既独立又相互融合，而各文化类型间的融合是要在它们之间的交流、互动中实现的。如同平衡的自然生态是生物生存的必要条件一样，良好的文化生态是我国文化建设的一项重要内容。如果文化生态系统内各种构成要素能够依照特定原则组织，呈现稳定有序而又充满活力的运行状态，此即为平衡的文化生态。中国文化生态平衡问题是一个关系社会前途命运的时代课题，只有各种文化共同发展和繁荣，才能保证我国文化建设的快速进行。

　　文化生态平衡问题只有通过文化生态的建设才能实现。实现文化生态平衡，就是要把建设和谐共处、协同并进的有机文化生态体系作为文化建设的重要方向。首先，要实现主导文化、精英文化与大众文化的良性互动。主导文化、精英文化与大众文化构成了当今中国文化的三大形态。主导文化以政治话语为基调，精英文化以人文话语为基调，而大众文化以世俗话语为基调。三种文化虽有各自不同的基调，但它们之间又存在着不可分割的关联性。主导文化虽以政治话语为主，但其中也不乏人文话语及大众化的问题；精英文化也必然蕴含着一定的政治思潮，体现某种世俗色彩；而大众文化内也不可能缺少政治成分和人文思索。因此，在现实的文化建设中，我们要实现三者的健康互动，防止将它们的思想内容做脱离实际的孤立化、片面化、简单化和僵硬化的理解。让主导文化更具亲和力、影响力和感召力；让精英文化更具有趣味性、可接受性；让大众文化更加贴近现实，更体现民风民俗，真正为中国的老百姓所喜闻乐见。只有这样，我们的文化才能更充分地吸纳、整合社会文化，也才能发挥更大的社会作用。其次，实现本土文化与外来文化的和谐相融。在本土文化与外来文化的交流互动中，我们要科学地认识和把握外来文化与本土文化之间的对立统一关系，既要防止打着弘扬民族传统文化旗号的闭关自守、妄自尊大与复古倒退，也要警惕打着文化现代主义旗号的全盘西化。世界上每个民族的文化都有自己优秀的成分，本土文化与外来文化之间的良好互动，可以使我们借鉴和吸取外来文化中的有益成分，并在这个过程中进行综合创新，促进本土文化自身的发展。再次，要实现传统文化与现代文化的传承与超越。民族传统文化体现的是一个民族的特征和品格，因此，保护传统文化对一个民族和国家来说意义十分重大，但如果只是一味地固守传统而不注重民族文化的与时俱进，那这种文化也是注定不会长久的。当今，要实现中国传统文化的创造性转化，就必须用现代意识和世界眼光对民族文化的发展进行思考。我们要处理好文化的民族性与现代性的关系，实现继承性与超越性的统一，做到在文化交往中既保持民族文化的特性与延续性，又不失其开放性与现代性，在对民族传统文化继承和创新的基础上，在对他者文化尊重与理解的语境中，找到传统文化的自我与世界意义。

要保护文化生态，实现文化生态的平衡，就要使高雅文化与通俗文化、本土文化与外来文化、传统文化与现代文化在交流中互动融合、各展所长、共同进步。文化是不能隔绝的，文化需要在交流中进步，传承中发展。萨伊德认为"文化是杂生的、多样的；各种文化和文明……如此相互联系、相互依赖，任何对其进行一元化或简单化描述的企图都注定要落空"❶。我们要以"和而不同，求同存异"的胸襟，充分认识并正确对待不同文化的历史传统、文化差异及价值取向，创造条件，形成和谐的文化生态体系，促进不同文化在相互借鉴和竞争中平衡有序地持续发展。

第三，促进人的全面发展，实现社会主义文化建设的终极目标。

实现全人类的彻底解放和人的自由而全面的发展，是全人类的美好理想。在马克思主义的理论体系中，人的全面发展是马克思主义的崇高价值目标和理想归宿，也是科学社会主义理论的出发点和落脚点。在《德意志意识形态》中，马克思正式提出了"个人的全面发展"这一科学命题，并对其基本含义进行了阐述。在《共产党宣言》中马克思、恩格斯指出："代替那存在着阶级和阶级对立的资产阶级旧社会的，将是这样一个联合体，在那里，每个人的自由发

---

❶ 萨伊德. 东方学［M］. 北京：生活·读书·新知三联书店，1999：441.

展是一切人的自由发展的条件。"❶ 后来，在《资本论》和《1857—1858年经济手稿》等多部著作中，他们对人的全面发展进行了更加科学的阐述，并指出人的全面发展是共产主义的一个重要特征和主要内容。最终实现人的全面发展，虽然是对于未来的共产主义社会说的，但对于未来共产主义社会第一阶段的社会主义社会，更应该为这一价值目标的尽快实现而不断努力。

促进人的全面发展是中国特色社会主义文化建设的根本任务，也是社会主义社会发展的必然归宿。江泽民同志在庆祝中国共产党成立八十周年的讲话中指出："我们建设有中国特色社会主义的各项事业，我们进行的一切工作，既要着眼于人民现实的物质文明生活的需要，同时又要着眼于促进人民素质的提高，也就是要努力促进人的全面发展。这是马克思主义关于建设社会主义社会的本质要求。我们要在发展社会主义社会物质文明和精神文明的基础上，不断推进人的全面发展。"❷ 这段话鲜明地体现了文化建设要以促进人的全面发展为价值取向。人在社会实践中不仅改造着自然，也在创造着文化，同时文化又反过来塑造人，实际上，文化建设的实质就是要通过对人的各方面素质的提高，实现人的全面发展。在当代中国，文化建设在推进人的全面发展方面发挥着越来越大的作用。首先，社会主义文化建设与人的全面发展在本质上是一致的。人的全面发展与社会主义文化建设是辩证统一的。人的全面发展以社会主义文化建设为基础。社会主义文化建设离不开对人的全面发展的追求，二者相互统一、互为前提、共同发展。其次，社会主义文化建设是促进人的全面发展的重要条件。人的全面发展的实现客观上需要具备多方面的条件，而文化是其中不可或缺的一个重要条件。与资本主义制度下导致"单向度"发展的人不同，社会主义制度的建立本

---

❶ 马克思恩格斯选集：第1卷[M]. 北京：人民出版社，1995：294.
❷ 江泽民. 论"三个代表"[M]. 北京：中央文献出版社，2001：179.

身就为人的全面发展奠定了制度基础,而社会主义文化建设的作用就是要在不断满足人民群众日益增长的文化需要的基础上,不断提高人的能力,满足人的多样性需求,促进人与自然的和谐,丰富和发展人的社会关系。社会主义文化建设是推动人的全面发展的重要条件。

促进人的全面发展贯穿于中国文化建设的各个方面,是中国文化建设的最高价值取向。在一定意义上说,文化建设就是对人的建设,"人既是文化的主体,又是文化的目的,文化的本质在于创造人、发展人。"❶ 因此,按照党中央提出的以人为本、促进人的全面发展的新理念,塑造全面发展的社会主义新人是当前社会主义文化建设基础性的重点工作,同时也是社会主义文化所追求的终极目标。

(三) 制定比较完善的文化政策和法规

完善的文化政策和文化法规,不但能为文化建设的顺利推进提供重要保障,而且也能促进文化建设规模的扩大和质量的提高。在当今中国文化日益产业化和市场化的情况下,我们要把过去以行政管理为主的手段转变为经济和法律手段,制定出一套涵盖文化建设各个领域和各个环节的、合乎文化发展规律的政策和法规,使我们的文化建设有法可依,从而为我们的文化发展创造良好的制度环境。

第一,制定完善的文化政策。文化政策指的是文化领域的总政策,其作用是促进文化的发展与繁荣,因此,我们的文化政策除了突出其覆盖面广泛之外,还要突出其实用性。首先,我们要对现有的文化政策进行修订与完善。在当今全球化的大背景下,我们的一些旧的文化政策已经不能适应当今我国文化市场发展的要求,对此,我们要积极地对其进行修改完善:我们要全面梳理国家现有的文化

---

❶ 韩庆祥,亢安毅. 马克思开辟的道路——人的全面发展研究 [M]. 北京:人民出版社,2005:169.

发展政策，用好用足现有政策中适用于我国现在文化建设的部分，完善其过时和落后的部分；我们还要根据我国文化发展的现状，合理地制定出与当前我国社会主义市场经济相适应的、与国际惯例接轨的新的文化建设政策。其次，我们文化政策的制定应该是全面的。由于我国的文化建设内容丰富、形式多样，因此，我国文化政策的制定也应该是全方位的：我们要完善文化建设的宏观调控政策，并充分利用市场的调节功能，大力扶持文化事业的发展壮大；在文化体制改革方面，建立完善社会保障、国有资产处置、国有资产的合理配置和有效使用、劳动分配等政策；在文化产业方面，完善文化市场准入及退出、投融资、财政支持等方面的政策措施，建立和完善文化产业发展专项基金，培育、规范文化产业的经营主体。最后，我们文化政策的制定要具有以下作用：以优惠的政策吸引国内外资金和社会各界力量大力兴建我国的文化建设事业；通过经济手段，对文化基础建设、公益性文化事业、传统文化等进行有计划的投入，保持政策的一定倾斜度；完善文化市场运行机制，避免文化建设的无政策可依的随意性干预行为；不断提高人们的审美情趣，促进中国良好国际文化形象的树立；等等。

第二，制定完善的文化法规。文化法规是进行文化建设的制度保障，是文化健康有序发展的内在要求。完善的文化法规，对于强化市场管理、改善文化投资环境、保障公民基本文化权益、提高国家文化实力等具有重要作用。中华人民共和国成立后，我国的文化立法工作从无到有，并曲折发展；改革开放后，我国文化立法的步伐加快，质量也在提高；当今，我国的文化建设基本走上了有法可依、有章可循的轨道，但与我国文化发展的进程和实际需要相比，我国的文化法规还明显滞后。为了适应全球化背景下我国文化建设的新情况、新形式，我们急需进一步完善我们的文化法规。首先，我们要根据当前我国文化建设的现状制定出新的文化法规。我们要在原有的《著作权法》《科学技术进步法》《教育法》《文物保护法》《广告法》《拍卖法》等的基础上，尽快制定《文化市场管理法》《互联网法》《新闻法》《出版法》等，以此替代以往的《娱乐场所管理条例》《计算机软件保护条例》《新闻管理条例》《出版管理条例》等一些临时性、地方性、行政性的法规，以保证我国文化建设的各个层面都有法可依。其次，我们在制定新的文化法规体系时，要根据当今我国文化建设的需求，对现行文化法规进行一次全面清理，进一步修订完善那些意思含混、模糊的规章条文，废除那些已经失效、过时的法规，努力形成与我国社会主义市场经济相适应的文化法规体系。

只有不断完善文化政策与法规，我国才能吸引来更为广泛的社会力量和更多的资金对文化建设进行积极的支持与投入。完善的文化政策与文化法规将会一道为我国的文化建设提供更好的政策和制度环境。我们相信，在这些完善的政策与法规的保障下，我国的文化建设定会大踏步地向前迈进，全体人民的文化自信也会得到更快提高。

二、在改革创新中增进文化自信

文化的生命力在于创新。党和国家高度重视文化创新问题。中共十八届五中全会明确提出了"创新、协调、绿色、开放、共享"五大发展理念，"创新"一词被排在第一位。创新包括理论创新、制度创新、科技创新、文化创新等。其中，文化创新是一个民族永葆生命力和凝聚力的重要基础，是各类创新不竭的精神动力。

党的十八大以来，以习近平总书记为核心的党中央把文化创新问题摆在了更加重要的位置，习总书记指出，抓住了创新，就抓住了牵动经济社会发展全局的"牛鼻子"。他强调，"要认真汲取中华优秀传统文化的思想精华和道德精髓，大力弘扬以爱国主义为核心

的民族精神和以改革创新为核心的时代精神，深入挖掘和阐发中华优秀传统文化讲仁爱、重民本、守诚信、崇正义、尚和合、求大同的时代价值，使中华优秀传统文化成为涵养社会主义核心价值观的重要源泉。要处理好继承和创造性发展的关系，重点做好创造性转化和创新性发展。"❶ 人类文化历史证明，对于民族文化艺术的保护就是与时俱进地不断发展；对于民族文化艺术最有效的继承就是和母体血肉相连地不断创新，创新才有生命力。

深入学习习近平总书记的文化改革创新思想，就要在认真学习研究习总书记关于文化改革创新精神的基础上，积极寻求我国文化发展的新路径。

（一）积极进行文化创新

在当今竞争日益激烈的世界，一个国家的文化创新能力已经逐渐成为决定其成败的关键。习近平总书记指出："深入挖掘中华优秀传统文化蕴含的思想观念、人文精神、道德规范，结合时代要求继承创新，让中华文化展现出永久魅力和时代风采。"❷ 江泽民同志说："当今世界激烈的综合国力竞争，不仅包括经济实力、科技实力、国防实力等方面的竞争，也包括文化方面的竞争。世界多极化、经济全球化的深入发展，引起世界各种思想文化，历史的和现实的，外来的和本土的，进步的和落后的，积极的和颓废的，展开了相互激荡，有吸引又有排斥，有融合又有斗争，有渗透又有抵御。总体上处于弱势地位的广大发展中国家，不仅在经济发展上面临严峻挑战，在文化发展上也面临严峻挑战。保持和发展本民族文化的优良传统，大力弘扬民族精神，积极吸取世界其他民族的优秀文化成果，实现文化的与时俱进，是关系到广大发展中国家前途和命运的重大

---

❶ 在中共中央政治局第十三次集体学习时的讲话 [N]. 人民日报, 2014-02-24.
❷ http://news.youth.cn/sz/201808/t20180810_11694643.htm, 2018-08-10.

问题。"❶由此可见，中国文化要想在21世纪走在人类文化的前列，赢得世人的青睐，就必须在文化全球化的进程中不断地吐故纳新、变化发展、全面创新。

怎样进行文化创新？习近平总书记指出：文化创新就是要"使中华民族最基本的文化基因与当代文化相适应，与现代社会相协调"❷。为此，我们的文化创新应做到以下几个方面。

第一，文化创新首先要实现观念上的创新。任何创新都是从突破传统的观念开始的。文化本身所具有的某种保守性，决定了文化观念的更新与变革，相对于其他方面的更新与变革要更为艰难与缓慢。中国的文化创新之所以举步维艰，很大一部分原因在于中国传统观念的包袱太重。在当今这样一个迅速变化发展的时代，中国的文化创新必定伴随着对传统持续不断的自我反省和自我批判。而文化反省需要用新观念、新思想对传统本身做出理性的反思。由于传统本身不可能为我们准备好这些新观念、新思想，因此我们需要选择另外完全不同的价值观念作为参照系，只有在与其他价值观的比较中，我们才能逐渐悟出中国传统价值观念究竟应该如何创新。在当今这个普遍交往的时代，我们绝对不能简单地拒绝外来文化，否则我们传统文化的更新与重铸就失去了参照系和催化剂。一个有自信心的民族不但不会害怕外来文化，反而会在对外来文化的吸收、消化中创新和发展自己的文化。鲁迅在《集外集拾遗·关于知识阶级》中曾经幽默地说："决不会吃了牛肉自己也即变成牛肉的。"客观而论，如果拒绝现代文明中的科学、民主、自由、市场等观念，我们的价值观念就无法实现与现代化的对接。

文化的创新"体现在人们的社会价值观的变化和更新上。综合

---

❶ 江泽民论有中国特色社会主义（专题摘编）[M]. 北京：中央文献出版社，2002：390.

❷ http：//www.offcn.com/shenlunpd/2017/0117/4445.html.

地说,文化是一种价值,也是一种传统体系,是经济、社会、政治发展的提炼和结晶。……文化的现代化特征更突出地体现在传统与现代的接轨上,它一方面表现为接受新事物时的活跃性,另一方面又表现出顽固的'惰性',或者说是对抗性。文化是人们的精神灵魂,因此,文化的现代化往往最突出地体现出变革的震撼性,同时也表现在传统对变化的抗拒性"❶。可见,在文化创新的过程,传统文化在其中将发生一系列的变革。中华文化博大精深,包含着许多优秀成分,但不能否认,我们的文化中也有糟粕,不尽快地摆脱这些不良的文化因素,中国文化就无法创新。习总书记指出:"传统文化在其形成和发展过程中,不可避免会受到当时人们的认识水平、时代条件、社会制度的局限性的制约和影响,因而也不可避免会存在陈旧过时或已成为糟粕性的东西。这就要求人们在学习、研究、应用传统文化时坚持古为今用、推陈出新,结合新的实践和时代要求进行正确取舍,而不能一股脑儿都拿到今天来照套照用。要坚持古为今用、以古鉴今,坚持有鉴别的对待,有扬弃的继承,而不能搞厚古薄今、以古非今,努力实现传统文化的创造性转化、创新性发展,使之与现实文化相融相通,共同服务以文化人的时代任务。"❷

文化观念的创新,不仅对文化本身的创新特别重要,而且也与社会其他一切方面创新紧密相连,既与之相适应,又起到推动其他领域现代化进程的积极作用。

第二,文化创新的途径是融贯古今,"会通中西",互为体用,拓展升华。"中华民族创造了源远流长的中华文化,中华民族也一定能够创造出中华文化新的辉煌。独特的文化传统,独特的历史命运,独特的基本国情,注定了我们必然要走适合自己特点的发展道路。

---

❶ 张蕴岭. 亚洲现代化透视 [M]. 北京:社会科学文献出版社,2001:8-9.
❷ 习近平. 在纪念孔子诞辰2565周年国际学术研讨会暨 国际儒学联合会第五届会员大会开幕会上的讲话 [N]. 人民日报,2014-09-24.

对我国传统文化，对国外的东西，要坚持古为今用、洋为中用，去粗取精、去伪存真，经过科学的扬弃后使之为我所用。"❶ 文化的创新总是在前人取得成果的基础上的创新，中国的文化创新必然是多项有价值的文化成果的新组合，是一个新的创造。进行文化创新，首先，我们要继承和发扬中华民族的优秀传统文化。"中华优秀传统文化是中华民族的精神命脉，是涵养社会主义核心价值观的重要源泉，也是我们在世界文化激荡中站稳脚跟的坚实根基。增强文化自觉和文化自信，是坚定道路自信、理论自信、制度自信的题中应有之义。"❷ 江泽民同志指出"发扬传统和开拓创新是统一的。继承是创新的重要基础，创新是继承的必然发展"❸。文化创新绝不能割断历史，历史本来就是现在与过去的对话，当前的文化创新就是一场跨世纪的对话，割断了与传统历史文化的联系，我们就变成了民族虚无主义和历史虚无主义者，我们的文化创新就会成为"空中楼阁"。"不忘历史才能开辟未来，善于继承才能善于创新。优秀传统文化是一个国家、一个民族传承和发展的根本，如果丢掉了，就割断了精神命脉。我们要善于把弘扬优秀传统文化和发展现实文化有机统一起来，紧密结合起来，在继承中发展，在发展中继承。"传统价值观念反映了我们曾经达到的自我意识的程度，因此，只有对传统价值观念的充分了解，现实才比较容易定位。通过对传统价值观念的多维透视，我们可以发掘其现代性的价值，找到中国文化的源头活水。其次，要充分吸收和借鉴世界各民族所创造的一切优秀的文明成果。江泽民同志指出："要认真研究和借鉴世界各国的文明成果，善于从其他国家和民族的文化中汲取营养，发展自己。"纵观人

---

❶ 习近平在全国宣传思想工作会议上的讲话［N］.人民日报，2013-08-16.
❷ 习近平在文艺工作座谈会上的讲话［N］.人民日报，2014-10-16.
❸ 江泽民论有中国特色社会主义（专题摘编）［M］.北京：中央文献出版社，2002：387.

类文化发展史可以发现，不同文化间的相互学习和借鉴是推动文化进步与发展的重要力量。当今的文化创新既是一场跨世纪的对话，也是一场跨国界的对话，尽管我们立足于当代中国，但我们要在积极的中外文化交往中走向统一时空中的文化对话，尤其是与西方文化的对话。中国文化的创新当然不是全盘西化，但中西文化客观上存在着的势差决定了中国文化的创新必然要向西方学习。亨廷顿指出："现代化并不一定意味着西方化。非西方社会在没有放弃他们自己的文化和全盘采用西方价值、体制和实践的前提下，能够实现并已经实现了现代化。"❶ 吸收和借鉴西方文化的成果，要"会通中西"，走中国文化与西方文化的创造性整合之路。只有既立足本民族文化，又积极吸取外来文化之所长，以补其不足，对中西文化进行辩证的综合，才能发展自己的个性而不被别人同化，从而实现对外来文化和传统文化的双重超越。

　　中国文化的创新要在传统文化的基础上实现对古今中西文化之超越。固然，在社会历史发展行程中，中国传统文化观念曾经扮演了重要角色。然而，历史毕竟已坚实地跨入当代，中国要想成功地在新的世界环境中生存下来，创新就势在必行。当今的文化全球化非但不可怕，反而给我们的文化发展创新提供了大好的历史机遇。在文化交流中，我们要彻底抛弃"中西""古今"绝对对立的陈旧思维模式，力争在古今中外的多种文化资源之间寻求一种高度辩证的联结，走出一条具有自己民族特色的文化创新之路。在新的世纪里，中国文化的创新，必须通过新的综合与创造，一方面我们要努力完成价值系统从传统向现代的转换，另一方面又要超越西方文化现代性的弊端。唯有如此我们的文化才会在现代化的进程"苟日新，日日新，又日新"。习近平总书记强调，中华文化的发展，要着眼于

---

❶ 亨廷顿. 文明的冲突与世界秩序的重建 [M]. 北京：新华出版社，1999：71.

从推动中华民族现代化进程的角度进行创新,我们要使之成为实现"两个一百年"奋斗目标和中华民族伟大复兴中国梦的根本性力量。习总书记关于文化创新做出的一系列重要论述,为中华民族的文化创新指明了方向,对增进文化自信意义重大。

(二)坚定不移地将文化体制改革引向深入

党的十九届四中全会要求,要"深化文化体制改革,加快完善有利于激发文化创新创造活力的文化管理体制和生产经营机制"❶。文化体制改革是坚定文化自信的基石。只有认真学习领会习近平总书记关于文化建设与深化文化体制改革对坚定文化自信之间的重大意义,才能在新时代把文化体制改革更好地引向深入,不断筑牢文化自信之基。

习近平总书记在2018年8月召开的全国宣传思想工作会议上指出:"要坚定不移将文化体制改革引向深入,不断激发文化创新创造活力。"❷ 习总书记的重要讲话,为深化新时代的文化体制改革、坚定不移地推进新时代的文化体制改革指明了方向。

我国的文化体制改革与改革开放相伴相生,在四十多年的探索中,经验与教训,艰难与成功并存。我国文化体制改革从2003年起开始试点,到2006年由试点转向在全国全面推开,已经取得了不小的成效。而当前,要推进文化建设在新时代的创新升华,必须进一步将文化体制改革推向深入,任务虽然会十分艰巨,但前景也会一片灿烂。

深化文化体制改革是一项事关国家全局的重大决策,战略意义十分深远。首先,从国际上来看,在当今全球化时代,文化的力量借助信息技术和手段得以无限地放大,在国际社会中扩张了国家的

---

❶ http://www.hprc.org.cn/gsyj/zhutiyj/19j4z/201911/t20191113_5034217.html.
❷ http://media.people.com.cn/n1/2018/0823/c40606-30245183.html.

力量，成了国家综合国力中不可或缺的重要组成部分。当今，提高文化软实力是世界各国的重要发展战略，而我国的文化建设虽然在改革开放以来取得了巨大的成就，但我国文化在国际上的竞争力还很小，这不仅与我国文化资源大国的状况不相适应，也与我国的国际地位不相适应。因此，为了加快我国文化发展的步伐，就必须深化文化体制改革，把我国从文化资源大国转变为文化强国，发展与我们世界大国相称的文化软实力，增强我们的文化自信。其次，从国内来看，与我国经济社会发展水平和人民群众日益增长的精神文化需求相比，我国文化发展的步伐相对滞后。作为发展中的社会主义国家，我国文化的整体水平还不高，其在推动我国经济社会发展中的积极作用还没有充分地得以发挥。因此，我们应充分认识发展中国特色社会主义文化的重要性，以科学发展观为指导，切实把文化建设纳入经济社会发展的全局之中，更加积极主动地推动我国文化的繁荣发展。再次，从文化自身的发展情况来看，我国文化体制改革进程迟缓；文化产品和服务在数量和质量上，尤其在质量上都还不能充分满足人民群众的需求；具备国际竞争实力的文化企业还较少。因此，加快文化体制改革的步伐，尽快提高我国文化的竞争力和实力，是我们当前亟须解决的重要问题。

  目前我国文化体制改革已经进入深化和攻坚阶段，此时不但改革难度加大，而且成本很高。这对于我们来说，不仅需要有大勇大智，而且还要弄清楚我们亟待解决的问题，只有这样，我们才能推动文化体制改革向纵深顺利进行。当前，深化文化体制改革，我们尤其应注意以下几个关键环节。首先，深化文化体制改革要有鲜明的意识形态属性。习近平总书记在庆祝改革开放40周年会议上指出："改什么、怎么改必须以是否符合完善和发展中国特色社会主义制度、推进国家治理体系和治理能力现代化的总目标为根本尺度，该改的、能改的我们坚决改，不该改的、不能改的坚决不改。"❶ 习总书记的讲话精神为进行文化体制改革提供了基本遵循。在文化体制改革的实践进程中，我们应准确把握中国特色社会主义理论体系和制度体系的内容，以此为引领，保证文化体制改革沿着中国特色社会主义方向推进。其次，深化文化体制改革要坚持以文塑魂。文化是一个民族的根和魂，中国特色社会主义文化的魂就是我们的社会主义核心价值观，价值观决定文化的取向和生命力。在新时代文化体制改革的推进过程中，我们尤其要把握好文化的经济效益与社会效益的关系，把社会效益摆在文化建设首位，以文塑魂，凝心聚力，始终把社会主义核心价值观作为文化软实力建设的重点，以此来发展繁荣社会主义的文化事业，不断培植出高度的文化自信。最后，深化文化体制改革要以激发全民族文化创新活力为中心环节。文化体制改革的目的就是把社会主义文化事业放开搞活，激发文化创新的活力，扫清文化发展的体制性障碍。创新是文化发展的不二法宝，人类文化发展史就是一部文化创新史。新时代的文化体制改革应以此为追求，汲取古今中外文化发展建设之精华，大力营造激发全民族文化创造活力的社会环境，使一切创新因素得到尽情发挥，让创新成为文化领域的主旋律，以此推动我国文化事业的蒸蒸日上，让中华文化的比较优势日益彰显，在实践中不断提升中华民族的文化自信。

当前，我国推进文化体制改革向纵深发展的条件更加完备。首先，党中央、国务院对文化建设的高度重视，为文化体制改革提供了有力的领导保证。其次，我国综合实力的不断增强，为改革提供了丰厚的物质基础。最后，文化体制改革政策措施的不断完善，为改革提供了坚实的保障。因此，我们要抓住机遇，充分认识到文化

---

❶ http://cpc.people.com.cn/n1/2018/1219/c64094-30474989.html.

体制改革的重要性和紧迫性，进一步解放和发展文化生产力，不断把文化体制改革推向深入，为文化建设提供良好的体制机制基础。

（三）完善以高质量发展为导向的文化经济政策

党的十九届四中全会指出："健全现代文化产业体系和市场体系，完善以高质量发展为导向的文化经济政策。"❶ 文化自信的提出，将我国的文化建设提升到了一个新的高度。要实现文化自信，必须在充分肯定自身优秀文化的前提下，结合时代需要，不断推进文化建设的创新升华，繁荣发展。而资金是文化创新发展的重要保障，没有对文化建设的大投入，就不会带来文化的大产出。加大对文化建设的投入力度对于推进文化建设、培育文化自信有着至关重要的意义。就当前来看，我国对文化建设的资金投入还很不足，并且建设效益也不高。文化建设投入状况是制约文化发展的关键因素，因此对这一问题进行深入研究具有重要的意义。

从世界各国文化建设的经验来看，文化投入的主渠道应该是政府，但同时也不能离不开全社会的广泛参与。因此，在借鉴国际发达国家文化建设经验的基础上，我国应当建立政府投入与民间融资相结合的文化资金投入机制，多方面为文化发展筹集资金，解决我国文化建设投入问题，花大力气繁荣我国的文化建设事业。

第一，我们要加大政府对文化建设的投入力度。文化建设之所以需要加大政府的投入力度，客观上也是由文化自身的一些特点决定的。一是文化建设中公益性文化事业占有相当一部分比重，而对公益性文化事业的赞助资金回报率是比较低的。二是文化产业是一种高投资、高风险、高不确定性的产业，其投资风险大，失败例子多。三是我国的文化产业目前还处于起步阶段，多数企业规模小、

---

❶ http://www.hprc.org.cn/gsyj/zhutiyj/19j4z/201911/t20191113_5034217.html.

实力弱，资本积累时间短，融资能力低。以上这些因素决定了加快我国文化事业的建设与发展，缓解文化建设中的资金瓶颈问题，需要各级政府的大力扶持和资助。要加大对文化的投入力度，首先，政府要在经济建设的同时努力造就浓厚的文化氛围，尽快克服社会上仍存在的对文化事业的忽视和偏见，把文化建设当作利在当今、功在千秋的伟业。其次，政府应通过立法等有效机制，保证文化投入在整个社会经济支出中的合理比例，并切实加大政府对公益性文化事业的投入。

第二，畅通民间融资渠道。要积极引导民间资本投资文化建设事业，就要把民间资本的积极性调动起来，坚持"谁投入、谁所有、谁受益"的原则，让社会和个人不仅成为文化的消费群体，而且也成为文化建设的群体，形成社会、个人与政府通力协作，共同建设文化事业的大好局面。党的十九届四中全会明确指出，要鼓励社会力量参与文化服务体系建设。要让社会、广大民众参与到文化建设中来，一是要鼓励社会和个人对文化建设的投资，争取让更多的非文化企业、社会机构、个人以及外资参与到文化市场的竞争中，允许跨地区、跨行业、跨部门的兼并收购等资产运作，增强他们发展的后劲。二是要进一步降低准入门槛，制定完善的促进资本进入文化产业的指导性政策措施，鼓励和支持民营资本以多种方式进入文化市场，让其在财产权、经营权等方面享有与公立文化事业单位同等的待遇。三是对境外投资者，我们要积极地提高文化行业的开放度。

第三，提高文化建设的效益。加大投入力度对于我国的文化自信建立意义重大，但如何把投入的有限资金用在"刀刃"上，提高投资收益，更是问题的关键。要提高文化建设的效益，一是要搞好财务监督。如何管好、用好投入的资金，使其充分发挥使用效益，是各文化单位的负责人都会面临的一个现实问题。要从根本上解决这一问题,就要制定有关的财务、审计管理制度,保证资金的专款专用。二是建立政府公共文化事业投入绩效考评制度,提高资金使用效率。

总之,在当今文化全球化和发展社会主义市场经济的背景下,我们应该牢牢把握机遇,增加文化发展和文化现代化的自觉性,从社会发展战略的高度加大对文化建设的投入并提高其建设效益,不断促进文化事业的发展,开创我国文化建设新局面。唯有如此,才能为文化自信的建构打下更坚实的基础。

(四) 健全现代文化产业体系和市场体系

党的十九届四中全会强调:要"健全现代文化产业体系和市场体系,完善以高质量发展为导向的文化经济政策"❶。文化自信与文化产业紧密相关,"文化自信内在地包含文化产业自信,文化自信迫切需要发达的文化产业提供支撑。"❷ 繁荣发达的文化产业不仅是为了提高经济收益,更重要的是能增强全体人民对于中华文化的认同与自觉,使文化自信得以增强。因此,大力发展文化产业,促进文化的发展繁荣,也是我们当今必须肩负起的历史责任。

文化产业指的是:"按照工业标准生产、再生产、储存以及分配文化产品和服务的一系列活动。"❸ 文化产业是一个全球性的文化创新领域,国内外众多专家学者都认为,21世纪全球最有前景的两个产业,一是信息高科技产业,另一个是文化产业。当今,在国际社会,文化产业已经成为各国,特别是一些发达国家争相抢占的战略至高地。在我国,自1998年7月文化部成立"文化产业司"以来,我国文化产业取得了与文化事业其他职能部门同等重要的位置,同

---

❶ http://www.hprc.org.cn/gsyj/zhutiyj/19j4z/201911/t20191113_5034217.html.
❷ http://topics.gmw.cn/2017-04/27/content_23734160_2.htm.
❸ http://www.unesco.org/culture/industries.

时，我国的文化事业正式开始有组织、有计划地加快了向文化产业方向战略性转型的步伐。2009年7月22日，国务院通过《文化产业振兴法》，我国文化产业的发展从起步阶段上升到了国家战略的层面。随着文化全球化和我国社会主义市场经济的加速发展，大力发展我国的文化产业已经成为我们无法回避的新课题。党的十八大以来，我国文化产业取得了极大的成就，推出了300多项改革举措，在许多重点领域取得了突破性进展，基础性制度框架基本确立，并且呈现出强劲的发展势头。文化产业的发展繁荣增强了全体人民的文化认同与文化自觉，极大坚定了广大人民的文化自信。但我们也清醒地看到，文化发展中的问题还比较突出，当前，只有认真审视我国文化产业中存在的不足，才能推动其更快发展，也才更好地推动文化大发展大繁荣，更加坚定全体人民的文化自信。

第一，文化产业繁荣发展对增强文化自信的重大意义。在当前我国人民群众文化需求日益增长、世界范围各种思想文化相互激荡和综合国力竞争不断加剧的整体形势下，大力发展我国文化产业，提升我国的综合国力，对文化自信的增强意义非常重大。综合国力由硬实力和软实力共同构成，而当今，文化软实力已经成了国家实力和国际竞争力的重要组成部分。当今全球经济发展的一个重要特征就是产业的下游化趋势。随着社会经济的发展，产业重心正在由物质生产向服务性生产转移，相应地，就业结构的重心也从第一产业和第二产业转向第三产业。我们已经看到，当今一些发达国家已经把大多数加工企业转移到发展中国家。事实说明，当一个国家的经济发展到一定阶段的时候，这个国家的发展重心自然会向服务、信息、知识等第三产业方面转移。发达国家的格言"增长不等于发展，富裕不等于幸福"很形象地反映了随着社会生产力的迅速发展，社会经济发展方向和人们需要发生的这种变化。而被人们称为"无烟产业""绿色产业""朝阳产业"的文化产业，作为新的经济增长点，对国家整体实力增长意义重大。当前，从西方发达国家产业结构变化趋势来看，以信息高科技为主体的知识产业已经步入高峰期，随之而来的将是以高技术硬件负载的高文化产业越来越居于主导地位，文化产业将会成为继信息高科技产业之后的又一个冲击波。近些年，在我国文化体制改革的推动下，中国特色社会主义文化正在逐步与国民经济和社会发展实现深度融合，文化产业作为战略性新兴产业，已成为我国经济换挡的重要动力之一，其作为国民经济新的增长点，产值逐年递增。在2018年的前三季度，我国规模以上文化及相关产业企业实现营业收入63591亿元，比上年同期增长9.3%。2018年上半年，我国对外文化总交易额达594.3亿美元，实现顺差327.5亿美元。繁荣发达的文化产业不仅带来了巨大的经济效益，而且更关键的是能大大增强全体人民对于中华文化的认同与自觉，进而增强全体人民的文化自信。而这种强大自信必将汇聚成中华民族为实现伟大复兴中国梦而奋斗的磅礴力量。

　　第二，我国文化产业的现状。中国的文化产业是伴随着改革开放的进程逐步兴起、发展与壮大的。党的十六大以后，我国文化产业的发展开始进入了一个崭新的历史阶段。当前，我国文化产业经过40多年的发展，已经初具规模，投资主体日益多元化，活力不断增强，很多部门在产业化的道路上已经迈出了坚实的步伐，取得了巨大的社会效益和经济效益。文化产业产值在国民经济中的比重与日俱增，对社会生活的贡献越来越大，文化产业机构、从业人员和上缴利税都呈现出明显的增长趋势，文化产业发展势头整体良好。

　　虽然当前我国文化产业的发展取得了一定的成效，但同时我们也应该看到，我国文化产业仍处于起步和培育阶段，还存在着不少问题，首先，总体规模偏小，运行质量偏低。我国文化产业机构当今已有不少，但真正具备一定规模的大企业集团却还很少。整体表现为产业集中度低，结构性矛盾突出，散滥现象突出，关联度小，缺乏规模效益。而且与欧美等西方发达国家的文化产业相比,我国文化产业在整个国民经济结构所占据比例也还很小。我国在"十三五"规划纲要中明确提出,要在"十三五"期间力争实现让文化产业成为国民经济的支柱产业。因此,现阶段,在文化产业发展问题上,我们急需精准聚焦突出问题,抓住主要矛盾,找出科学路径,实现弯道超车,力争实现我国文化产业跨越式发展。另外,我国在对文化市场运行质量的控制上也存在不少问题。由于我国文化市场的管理力量相对薄弱,对市场有效的控制还不完善,导致了文化市场违规问题时有发生,对我国的文化产业造成的危害极大。因此,今后还要重点完善文化产业政策,健全文化产业和市场体系,培育新型文化业态,促进文化产业运行质量的提升。其次,发展不平衡。一是区域发展不平衡。从全国范围来看,与经济发展格局基本相同,我国文化产业发展呈现东高西低的态势。中部与西部之间虽然差距不很大,但文化产业的荒漠地带仍然集中在西部地区。二是产业结构不平衡。目前我国文化产业门类比较齐全,但各门类之间的比例关系还不均衡,主要表现为传统文化产业占比大,高端文化服务业占比小,现代新兴文化产业发展不够,文化娱乐业所占比重过大,这导致我国文化产业发展优势不足,难以与其他一些国家发达的文化产业进行竞争。三是投资结构不平衡。主要表现为,国家的投资比重过大,社会资金和外资的投资比重太少。这种不平衡的投资结构,影响了我国文化产业的快速发展壮大。再次,文化产业领域产值不高,效率低。目前,在我国文化产业领域,不但投资主体单一,而且行业限制过多,市场对文化资源还没有达到合理配置的基础性作用,造成了文化产业各部门中文化资源大量的闲置和浪费。最后,创新力不足。当前制约我国文化产业发展的一个大问题就是文化产业创新能力不足问题。在文化产业创新方面,我们一方面缺乏一批具有市场前瞻性的骨干文化企业,所以精品佳作不多;另一方面,我们对自身文化资源挖掘能力不足，使我国文化产业发展缺少民族特色，个性特点不鲜明，难以走向市场。创新就意味着要避免走趋同化、同质化的老路，无论从观念上还是从体制、机制上，都要另辟蹊径，开拓创新，不断创新是文化产业蓬勃发展的生命力所在。

整体看来，我国文化产业既有良好的发展态势，也有非常可观的前景，但在全球化的今天，中华文化要想在世界文化中拥有竞争优势，不仅要有强劲的发展势头，更要从自身的独特潜质出发走出一条高质量的、均衡发展的、具有高度创新性的新型发展道路。因此，我们亟须加强对文化产业现状的整体把握与分析，完善、落实文化产业的相关政策措施，加快资源的重组和整合，形成我们自己的特色产业群和产业链，尽快推动我国文化产业的全面升级，推动我国文化事业的日益繁荣。

第三，大力发展我国文化产业的对策建议。在新的世纪里，中国要成为真正意义上的文化强国，就必须形成发达的文化产业。当今文化全球化的时代背景和我国文化产业发展初级性的特点，决定了我们要大力发展文化产业，就必须尽快制定文化产业发展的基本对策。首先，要继续深化文化体制改革。文化体制改革没有完成时，新时代，在深化文化体制改革上，一是要让市场、技术成为驱动文化产业发展的核心力量。总的来看，当前我国文化资源配置仍具有明显的行政化特征，这种文化资源配置方式不仅同社会主义市场经济体制不相适应，而且也严重制约了我国文化产业的发展。因此，要加快文化产业的发展，就必须加大文化资源整合的力度，打破文化资源配置的行政化体制。近年来，北京、上海、广州等我国的一些重点文化省市，在发展文化产业上，坚持以市场化为导向，实施政企分开，积极完善文化市场结构，文化产业资源整合就取得了很大进展。其次，要调整和整合文化产业资源，提升文化产业的高科技含量。当今，适应时代的需求，文化产业的发展必须加大与旅游、技术、资本等其他产业的融合，让融合成为大趋势。2018年，国务院将文化部、国家旅游局整合为文化和旅游部，这一年也是文化和旅游融合发展的元年。文化和旅游部成立后，密集出台了很多文化与旅游相融合发展的措施，包括旅游扶贫、旅游PPP、旅游门票等在内的支持政策。实践也证明，文化与旅游融合形成的新业态，适应了当下人们的需求，受到人们的青睐，成了消费的新热点。从统计数据来看，一些文化旅游项目，无论从旅游人次还是旅游收入来看，都呈现爆发式增长态势。因此，当前文化体制改革的深入推进，要加大文化与其他产业深度融合的力度。另一方面，互联网已经给文化产业带来了革命性变化，文化产业的发展也正在向数字、移动、虚拟世界转移，互联网文化企业已经成为文化产业的重要组成部分甚至主导部分。现代高科技在文化产业领域的广泛应用，必将给文化产业带来一场新的革命。运用信息、网络、高新技术武装、改造、提升传统文化产业，创造新型的先进文化产业，是当代文化产业发展的必然趋势。最后，加快文化产业集群建设。加强文化产业的集群建设，也是当今世界文化产业发展的趋势。要适应当今文化产业集群化发展的规律，就要实施重大文化产业项目带动战略。文化产业较强的融合性特点，决定了其发展过程中需要整合各种资源，运用现代高新技术手段，加大文化与其他产业之间的联姻。文化产业集群的形成，不仅会有助于新的文化产业形态的创造与生长，也会带动文化产业的技术升级和结构重组，从而能收到"双赢"的效果，产生巨大的经济效应和协同效应。如美国的迪士尼、时代华纳集团等就是文化产业集群发展的成功典范。迪士尼本来是一个玩具品牌，米老鼠和唐老鸭两个卡通形象在影视中流行之后，美国迪斯尼依托高科技优势，将迪士尼品牌扩展到了影视、服装、旅游、出版等多个领域，形成了巨大的产业群，造就了庞大的跨国集团，带来了意想不到的经济和社会效益。

当今时代，文化资源开发的重要性已经引起世界各国的广泛重视，全球经济文化一体化发展的趋势也启示我们，应尽快将文化作为一种重要资源，运用产业理论进行规划建设和开发利用。其实，"无论是哪个民族哪个国家的文化，都以一种资源的方式为所有的人所吸收、所欣赏、所利用，也面向着世界性市场来进行谋划，只要为市场所认可，就能够获得进一步发展的动力"❶。加快发展文化产业，既是加快发展我国经济和社会各项事业，实现跨越式发展的大好机遇，也是我国在新世纪面临的重要挑战，因此，我们一定要顺应世界发展潮流，果断科学决策，肩挑文化使命，坚定文化自信，加快推动我国文化产业发展的步伐，力争使我国在新一轮的国际竞争中处于有利的位置。

党的十九大报告中，习近平总书记用近 2000 字的篇幅深刻阐述了新时代坚定文化自信，推动我国社会主义文化繁荣兴盛的使命。这一任务伟大而艰巨，还有很多的工作要做，而找准文化建设的着力点，无疑会极大提高文化建设的效率，从而激发出中华民族更强的文化自信。

三、在"走出去"战略中提升文化自信

今天，人类正生活在一个全球化趋势日益凸显的世界格局之中。面对当今文化发展的新形势，我们要积极构建走向世界的中国文化，力争让中国文化在全球文化的竞争中得以全面提升，并为世界文化的发展奉献智慧。

（一）重视国家文化安全

文化全球化打破了全球不同文明间的界限，使全球文化第一次

---

❶ 马俊峰. 文化发展的方向和趋势 [J]. 理论视野，2009（09）.

在空前广泛的领域中实现了相互联系。在这种形势下，各个国家不但要制定适应全球化发展需要的新的文化发展战略，而且需要树立新的国家安全观。文化安全是"指一个主权国家的文化价值体系，特别是一个主权国家的主流文化价值体系，免于遭到来自内部或外部文化因素的侵蚀、破坏或颠覆，从而能够很好地保持自己的文化价值传统，在自主和自愿的基础上进行文化革新，吸收和借鉴一切对自己有利的文化价值观念和文明生活方式"❶。文化安全已成为保障国家安全的不可忽视的精神因素，是整个国家安全体系的一个重要组成部分。

第一，重视和维护国家文化安全战略意义十分重大。首先，从国内来说，维护国家文化安全能为我国社会发展提供一个稳定的国内环境。其次，从国际上来看，维护国家文化安全能为我国社会发展提供一个良好的国际环境。文化是一个民族的标志，是一种能够凝聚和整合民族和国家一切资源的根本力量。对于我国这样一个发展中的大国来说，一旦国家文化安全受到威胁，就不是通过简单调整文化政策就能解决的问题。因此，中国政府必须高度重视国家文化安全问题。没有文化安全，就不可能有经济安全和社会的发展。

第二，重视和维护国家文化安全的对策。首先，要增强国家文化安全意识。在中外文化交流中，要正确把握扩大文化交流与保障社会主义文化安全的关系，二者缺一不可。当前，在文化全球化的背景下，我们当然要广交朋友，进行多种形式的文化交流与合作，但同时我们也要做到心中有数，西方的"文化霸权主义"和意识形态渗透是无孔不入的。因此，在积极开展文化交流的同时，我们必须保持高度警惕，处处提防，文化安全的意识丝毫不能松懈。其次，大力推进先进文化建设。国家文化安全的本质是保护国家文化主权，

---

❶ 石中英. 学校教育与国家文化安全 [J]. 教育理论与实践，2000 (11)：11.

保障文化的民族性得以延续。文化的民族性和先进性是紧密联系的，民族性是先进性的根基，先进性是民族性的保障。民族文化只有具备了先进性，才能更好地发展，同时也才不会在文化交流中被其他文化所同化。再次，建立国家文化安全预警机制。维护国家文化安全，一个很重要的制度保障就是要建立国家文化安全预警机制。所谓建立国家文化安全预警机制，就是要在对中国文化基本国情进行广泛调查研究的基础上建立起全球化背景下中国文化安全发展的"红线"，通过对各种威胁我国文化安全的因素的分析，诉诸相应的国家机制，运用法律、行政、市场和经济及其他文化安全管理手段，及时准确地做出预告性和警示性反应，把可能对我国文化安全造成威胁的因素和力量牢牢控制在安全警戒线以下，从而确保我国的文化安全。❶ 最后，建立国家文化安全预警系统，并不是要闭关自守，而是要从中国文化发展的实际需要出发，在政府牢牢掌握国家文化主权的前提下，实行文化市场和文化产业的适度准入。我们建立文化安全预警系统的目的就是要在积极抵御外部文化侵略的同时，确保我们的国际文化权利，更好地实现维护我国国家文化安全的目标，从而弘扬我们的民族文化事业。

（二）推动中国文化走向世界

中国正在迅速崛起。"作为一股上升的经济、政治和军事力量，中国是重建世界新秩序的最重要的参与者。……中国的经济和政治已经是一个更广大世界的有机组成部分，因此'中国向何处去？'这个区域的和国家的问题就具有了地区和全球的深切意味。"❷ 可见，

---

❶ 胡惠林. 文化产业发展与国家文化安全 [M]. 广州：广东人民出版社, 2005：164.

❷ 杜维明. 儒家人文主义的生态转向：对中国和世界的启示 [J]. 中国哲学史，2002 (02).

中国对世界的影响正在与日俱增，中国文化大踏步"走出去"的时代已经到来。

第一，中国文化走向世界是大势所趋。随着中国经济的持续快速发展和国际地位的不断提升，中国文化将势所必然地迈向更加广阔的世界舞台。首先，中国文化走向世界是文化全球化发展的必然趋势。当今正在进行的文化全球化，客观上要求任何民族和国家都必须以开放的文化心态面对"异质"文化。因此，面对扑面而来的文化全球化，中国文化不光需要"引进来"，更需要抓住历史的机遇"走出去"。只有推动中国文化走向世界，我们才能在与其他文化的对话与交流中不断提高文化建设的能力和水平，从而也才能对当今日益激烈的国际文化竞争所带来的严峻挑战给予有力的回应。其次，中国文化走向世界是为国际社会尤其是广大发展中国家的文化建设提供经验借鉴的需要。改革开放以来，中国的政治、经济、文化建设飞速发展，综合国力迅速提升，社会主义现代化建设取得了巨大成功。然而，世界上其他一些发展中国家却在现代化进程中遭遇到了一系列困难与挫折，在这种情况下，他们非常希望借鉴中国现代化建设的成功经验。曾任南联盟总统外交事务顾问的西米奇在谈到中国社会主义建设取得的巨大成就时说："这是一个很值得思考的问题。目前，欧洲没有社会主义国家，社会主义运动遭遇重大挫折，而社会主义在中国却得以继续发展。于我看来，唯一能解释这种现象的就是中国文化本身蕴藏了某些社会主义的价值观：比如说重视群体力量，个人修养等。中国共产党人继承了这些优秀的文化内涵，顺应时代发展，成功地走出了有中国特色的社会主义道路。"[1] 可以看出，广大发展中国家需要中国的成功经验，中国文化走向世界，无疑对这些国家的现代化建设具有极好的借鉴意义。最后，中国文

---

[1] 环球时报 [N]. 2002-11-11.

化走向世界有利于塑造中国良好的国际形象。很长时间以来，中国的国际形象在国际社会中一直存在被误读的现象，"中国威胁论""黄祸论""中国崩溃论"等在西方国家大行其道，之所以如此，一个很重要的原因就在于我们对外部世界的反馈重视不够，不善于推销自己，从而导致了外国民众了解中国的渠道少，不了解中国国情，而国外一些具有不良企图的媒体和政治力量借此机会，大肆歪曲中国形象，误导民众对中国的认识。早在世纪之初，辜鸿铭就悲叹："中国人最大的不幸，正是他们不为世人所了解。"❶ 事实上，中国人最大的不幸，不在于不为世人所了解，而在于没有为世人所真正了解。因此，在新的形势下，中国要提升国际地位，全面地改变国际形象，就必须加强和改进对外宣传工作，加大中华文化走向世界的力度，将中国真实的形象展示给世界，让世界真正地了解中国，为中国良好国际形象的树立创造一个有利的国际舆论环境。

第二，中国文化走向世界的途径。做好对外文化传播工作，推动中国文化走向世界，是要通过多种形式的文化沟通和文化交流实现的。总结多年来我国文化走向世界的实践经验，适当借鉴世界发达国家文化"走出去"的成功经验，无疑是推动中国文化走向世界的一条捷径。首先，要建立长效机制。文化发生影响和产生功用的过程是缓慢的、持久的，因此，文化的传播需要细水长流、持续不断。列宁在《新经济政策和政治教育局的任务》一文中说："文化任务不能像政治任务和军事任务解决得那样迅速。……在危机尖锐化时期，几个星期就可以取得政治上的胜利。在战争中几个月就可以取得胜利。但是在这样短的时期要取得文化上的胜利是不可能的。""这需要一个较长的时期"，并且需要一种"坚忍不拔、不屈不挠、始终如一的精神。"❷ 列宁强调了文化工作的持久性。当前我

---

❶ 辜鸿铭. 中国人的精神 [M]. 海口：海南出版社，1996：237.
❷ 列宁全集：第33卷 [M]. 北京：人民出版社，1985：60.

国在国际文化交流中推行的"文化周""文化月""文化年"活动，虽然取得了一时的轰动性效应，对中国文化走向世界也起到了很强的推动作用，但很难让人体会到我国文化的细微之处。相比之下，美国的文化交流项目就注重以留学、培训等方式进行，这种交流形式不但接触面较广，而且时间较长，工作对象可以在耳濡目染、潜移默化中全面了解异国的社会和文化，从而达到文化交流的目的。因此，建立文化交流的长效机制是当前推动中国文化走向世界的当务之急。其次，发挥政府的主导作用。文化是国家的身份证，代表着民族形象和国家身份，这决定了政府在对外文化交流中的总体指导和全面统筹作用。在中外文化交流中，政府主导做出的重大文化国策，能最大限度地广罗文化精英和优势文化资源，不但规模大，而且决策层次高，文化影响力极强，因此，更能从国家大文化的视角诠释中华民族精神，也更能体现中国文化走出去的战略意图。再次，发挥非政府组织的作用。在对外文化活动中，文化交流的民间性和日常性是极其重要的。美国的理查德·克罗德曼说："好的宣传就是要做得不像宣传。"[1] 所谓不像宣传，就是要掩盖文化交流的目的，政府在幕后指导，利用文化外交隐蔽性的一面，达到文化宣传的目的，而非政府组织在这方面恰恰能发挥突出的作用。当今许多国家都十分重视非政府组织在文化外交中的作用。如美国就通常利用非政府组织为掩护进行对外文化活动。事实上，从20世纪20年代后期始，美国就有约350个非政府组织，打着民间文化交流的幌子，致力于多种形式的对外文化交流活动。今天，要推动中国文化走向世界，我们同样需要在政府的主导下，大力扶持、引导民间对外文化活动，发挥非政府组织在文化交流中的积极作用。只有政府主导，非政府组织广泛而积极地参与，我们的对外文化交流活动才

---

[1] 弗朗西斯·斯托纳·桑德斯. 文化冷战与中央情报局[M]. 曹大鹏，译. 北京：国际文化出版公司，2002：1.

会庞大而精练、有序而高效。

深厚的传统文化资源和丰硕的文化创新成果,是当今我国文化走向世界的实力之所在。中国文化是世界文化的重要组成部分,中国文化走向世界,既满足了中国文化发展的需要,也满足了世界文化多样性的需求。推动中国文化走向世界,在世界舞台上唱响中国文化的主旋律,对推动国际新秩序的建立,对中国特色的社会主义文化自信构建都会产生巨大而深远的意义。

四、在推动"中国之治"中坚定文化自信

"中国之治"离不开中国优秀文化的支撑。党的十九届四中全会在第七部分,对社会主义先进文化的制度建设进行了专章论述,阐明了国家治理体系和治理能力现代化与中国特色社会主义文化之间的密切联系,指出了发展社会主义先进文化对国家治理体系和治理能力现代化的重要支撑意义,使我们对中国之治的内在机理有了更深的理解。在国家治理中,我们一定要深刻认识中华优秀文化的地位和作用,繁荣发展先进文化,为"中国之治"提供深厚支撑。

(一)"中国之治"需要中华优秀文化的支撑

党的十九届四中全会通过的《中共中央关于坚持和完善中国特色社会主义制度 推进国家治理体系和治理能力现代化若干重大问题的决定》(以下简称《决定》),对我国国家治理的现代化和制度建设问题进行了十分全面的梳理,系统地回答了我们究竟要完善和发展什么、坚持和巩固什么这个重大问题,为"中国之治"提供了有力的制度保障。《决定》在第七部分,对发展社会主义先进文化的制度进行了专章论述,该部分指出:"发展社会主义先进文化、广泛凝

聚人民精神力量，是国家治理体系和治理能力现代化的深厚支撑。"[1]该论述阐明了国家治理体系和治理能力现代化与中国特色社会主义文化之间的密切联系，指出了发展社会主义先进文化对国家治理体系和治理能力现代化的重要支撑意义，使我们对中国之治的内在机理有了更深的理解。

1. 中华优秀文化是中国特色社会主义制度植根的文化沃土

文化是制度构建和发展的沃土，制度是文化观念的外化，中华优秀文化是中国特色社会主义制度植根的文化沃土。

社会制度是制度建构主体根据一定的文化观念建构出来的精神世界的构想。马克思认为，文化是影响制度的深层次因素，文化背景影响人们制度选择的方式。因此，文化作为构成一个社会基本的价值体系，是制度选择的一个基本前提，文化不同的民族社会制度发展也不同。由此可见，一个国家的制度选择根源于其不同的文化背景，有怎样的文化观念，就会相应地选择怎样的制度，这也说明了，为什么说文化自信是道路自信、理论自信和制度自信的深沉根基。不同文化传统的国家很难选择相同的制度。例如，西方一些国家的分权制制度建立在罗马和希腊历史上的"长老会""元老会""议会"等模式基础之上，是与西方的文化背景一脉相承演进而来的。"中国之治"之魂在于中国人所固有的价值体系，也就是中国精神、中国文化。在中国历史上，我们没有分权制的文化传统，绝大部分时间都是一个大一统的国家，因此，中国道路的选择绝不是偶然的，而是由我国文化传统和历史传承决定的。但现在有些人崇洋媚外，总是试图割断历史，照搬照抄别国的制度，这些想法都是非常荒谬的。习总书记说："我们从哪里来？我们走向何方？中国到了今天，我无时无刻不提醒自己，有这样一种历史感。"当今的"中国

---

[1] 中共中央关于坚持和完善中国特色社会主义制度 推进国家治理体系和治理能力现代化若干重大问题的决定［M］.北京：人民出版社，2019：22.

之治"是中国要迈向制度现代化的现代治理,如果盲从于西式民主,就背离了马克思关于制度与文化相互作用的发展机制,也背离了中国特色社会主义制度的价值取向。只有中国特色社会主义文化,才是中国特色社会主义制度发展完善的沃土。习总书记指出:"只有扎根本国土壤、汲取充沛养分的制度,才最可靠、也最管用。"❶ 我国问题的解决,必须在我们自己深厚的中华文明的沃土上,选择出最适合我们自己发展的制度,只有这样建立起来的制度,才能从根本上代表和体现出中国人民真实的价值追求,也才会成为福泽人类的善治。党的十九届四中全会指出:"中国特色社会主义制度和国家治理体系是以马克思主义为指导、植根中国大地、具有深厚中华文化根基、深得人民拥护的制度和治理体系。"❷ 这十分明确地指明了"中国之治"的文化根基。毋庸置疑,中国的国家治理体系和治理能力现代化,一定要虚心汲取人类一切文明的优秀成果,但绝不是照搬照抄其他任何国家的制度模式或政治理念,而是从我国的实际出发,在坚定文化自信的前提下,广泛汲取古今中外一切优秀文化成果,努力完善发展"中国之治"。

2. 中华优秀文化为"中国之治"提供丰厚的思想文化滋养和强大的精神力量

(1) 中华优秀传统文化为"中国之治"提供丰厚的思想文化滋养

在人类文明发展史上,中华文化悠久灿烂,为人类文明贡献巨大。在制度文明方面,中国的先贤哲人很早就形成了大一统的文化共识,他们认识到只有消除战争、统一起来,人民才能安居乐业。

---

❶ 习近平. 在庆祝全国人民代表大会成立 60 周年大会上的讲话 [N]. 人民日报, 2014-09-06.

❷ 中共中央关于坚持和完善中国特色社会主义制度 推进国家治理体系和治理能力现代化若干重大问题的决定 [M]. 北京:人民出版社,2019:22.

这一思想推动了古代中国努力实现和维护大一统国家局面。所以，从秦代开始，就形成了中央集权制度。到了汉代，儒家思想被确立为官方意识形态，国家制度与文化开始逐步合一。这样的治理模式在中国延续了数千年，对中国大一统政治局面有效维护起了重要的作用。自唐代，开始专门分类地、系统地详细记载历代的典章制度。伏尔泰曾在他的《风俗论》中说：中国人的政体实际是当时最好的，他们的帝国被管理得像一个大家庭一样。在数千年的历史发展进程中，中华民族在治国理政方面形成和积累了丰富的思想和经验，诸如"天下为公"的大同理想，"己所不欲，勿施于人"的处世哲学，"以人为本"的民本思想，"任人唯贤"的用人标准，"德刑相辅"的治理思想，"载舟覆舟"的忧患意识，"和而不同"的东方智慧，等等。这些思想是中华民族几千年来理性思辨和智慧的结晶，历久而弥新，给我们许多重要的启迪，是我们治国理政宝贵的思想资源，在对它们不断的传承创新中，我们既以史为鉴，也使之与当代文化相适应。例如，我们坚持和完善的人民当家作主制度体系，与传统文化中的民本思想一脉相承的；我们要建设的小康社会中的"小康"这一概念，来自《礼记·礼运》；我们坚持和完善的生态文明制度体系，与中华文明推崇的"天人合一"理念相因；我们倡导构建人类命运共同体，蕴含着传统文化中"和而不同"的传统理念，等等。正因为有着如此强大一脉相承的文化底蕴，中华民族才能够在世界民族之林中充满坚定的文化自信。习总书记指出："中华民族有着深厚文化传统，形成了富有特色的思想体系，体现了中国人几千年来积累的知识智慧和理性思辨。这是我国的独特优势。"❶ 概而言之，一个国家的制度和治理体系与能力与这个国家的历史文化传承密切相关。中华优秀传统文化是我们的根脉，当今的"中国之治"需要

---

❶ 习近平. 习近平谈治国理政（第2卷）[M]. 北京：外文出版社，2017.

我们对我国古代治国理政的智慧和实践进行充分挖掘、积极总结，用好这些宝贵的思想文化资源。

（2）革命文化和社会主义先进文化为"中国之治"提供强大的精神力量

与中华优秀传统文化一脉相承的革命文化和社会主义先进文化，是中华优秀文化的有机组成部分。革命文化激昂向上，是中国共产党人的精神之钙、理想之基；生机勃勃的社会主义先进文化为"中国之治"提供智力支持、思想保障和精神鼓舞。近代以末，无数仁人志士积极探寻国家治理的良方，试图改变中国的前途命运，但中国人民在道路选择上是极其艰难的，由于在对外学习的过程中，总是试图仿效西方的各种制度模式，越走越不通，导致各种尝试最终都以失败而告终。1917年爆发的俄国十月革命对中国产生了深远的影响。毛泽东同志说："十月革命帮助了全世界的也帮助了中国的先进分子，用无产阶级的宇宙观作为观察国家命运的工具，重新考虑自己的问题。"❶ 1921年中国共产党成立后，党把马克思主义理论与中国实践相结合，带领中华民族终于找到了实现民族独立的正确道路。党领导人民打败了各种反动派，彻底改变了中华民族被剥削被奴役的命运，实现了国家的统一和富强。1949年中华人民共和国成立后，党带领人民建立了国家政权组织体系，并逐步确立了社会主义基本制度。如今，经过70多年的实践探索，我们已经形成了一套适合我国发展的，具有中国特色的国家制度和治理体系。在仅仅几十年的社会主义实践中，我们创造了中国模式、中国奇迹。一个国家的制度发展程度既是这个国家治理能力高下的标志，也是其文化繁荣程度的标志。中国共产党自成立之日起，就高度重视文化建设，在革命、建设和改革的伟大征程中扛起了传承弘扬中华优秀文化的

---

❶ 毛泽东选集：第4卷[M]. 北京：人民出版社，1991.

大旗。我党在社会主义文化发展的道路上一往无前，充满了坚定的信心。革命文化饱含着英雄气概、爱国情怀和坚定的理想信念，社会主义先进文化是我们在马克思主义指导下所进行的文化发展创新，它们与中华民族优秀传统文化一脉相承并植根于中国特色社会主义伟大实践中，为全国各族人民的紧密团结构筑起了强大的中国力量。如今，中国特色社会主义制度所体现出的巨大优越性，已无可辩驳地证明了社会主义先进文化是一种体现人类文明发展进步方向的文化。党的十九届四中全会的《决定》，在我们党的历史上是第一次把马克思主义在意识形态领域的指导地位作为一项根本制度提出来，这是一项重大制度创新，关系我国文化前进方向，关系党和国家事业的长远发展，也反映了我党对社会主义文化建设规律的认识达到了一个新的境界。社会主义先进文化制度的坚持、完善和繁荣发展，必将更好地构筑中国精神、中国价值、中国力量。

3. 社会主义先进文化制度的繁荣发展也完善和发展了中国特色社会主义制度

在《党和国家领导制度的改革》一书中，邓小平同志指出，制度具有"根本性、全局性、稳定性和长期性"。制度能依靠某种力量保证一定环境中各种行为准则的实施、规范人们的行为和思想，指引人们该做什么、不该做什么。作为中国特色社会主义制度有机组成部分的中国特色社会主义文化制度，是中国特色社会主义意识形态的制度化，这一制度规定了当代中国文化发展的内容、方向、性质等，是当代关于我国文化发展的基本制度。社会主义先进文化制度以制度的形式明确了马克思主义在我国意识形态领域的指导地位，并通过各种文化政策的确立保证了文化的发展导向，激励和创新着文化的发展进步。改革开放以来，我党一直高度重视文化建设，推动文化建设不断创新发展，形成了中国特色社会主义文化制度，并通过文化制度的坚持与完善不断推动着文化的创新与发展繁荣。社会主义先进文化制度的坚持和完善,一方面,保障了文化发展,推动了我国文化的繁荣兴盛;另一方面,其作为中国特色社会主义制度的重要有机组成部分,也有力地完善和发展了中国特色社会主义制度,使我们充满了更加坚定的制度自信。

4. 社会主义先进文化制度为"中国之治"建造思想领域的基础设施

"经国序民,正其制度。"一个国家要使人民安然有序,朝着正确的方向前进,就要健全各项制度,这也是国家治理的目的所在。习总书记指出:"培育和弘扬核心价值观,有效整合社会意识,是社会系统得以正常运转、社会秩序得以有效维护的重要途径,也是国家治理体系和治理能力的重要方面。"❶ 明确的文化价值取向,是整合一个国家社会意识多样化的基石,也是任何一个治理有序国家的题中应有之义。把文化取向制度化,就成了文化制度,中国特色社会主义文化制度就是要以先进文化为"中国之治"建造思想领域的基础设施。社会主义先进文化,也正在这种意义上,成为"中国之治"的引领性力量。国家的强大离不开先进文化的支撑,不断坚持和完善的社会主义先进文化的制度,使"中国之治"思想领域的基础设施建得越来越牢,而这一基础设施释放的红利,将成为我们民族伟大复兴不竭的精神动力。

文化虽然是无形的意识和观念,但却深刻作用于人们的生产生活和经济社会发展,改变着有形的存在和现实。"文化制度在国家制度中具有特殊的地位,源于文化本身所具有的更基础、更广泛、更深厚的特点。"❷ 在国家治理中,我们一定要深刻认识先进文化的地位和作用,坚持和完善繁荣发展社会主义先进文化的制度,推动社

---

❶ 习近平. 把培育和弘扬社会主义核心价值观作为凝魂聚气强基固本的基础工程[N]. 人民日报, 2014-02-26.
❷ 周文彰. 繁荣发展社会主义先进文化的制度保障[N]. 新华日报, 2019-12-17.

会主义文化繁荣兴盛,广泛凝聚人民力量,为"中国之治"提供深厚支撑,为中华民族的伟大复兴更好地构筑中国精神、中国价值、中国力量。

(二) 在坚持和完善繁荣发展社会主义先进文化的制度中坚定文化自信

文化是国家和民族之魂。没有文化的繁荣兴盛,就不会有国家和民族的兴旺发达。社会主义先进文化是从中华民族5000多年文明历史中孕育出的有中国特色的社会主义文化,它植根于中国大地,立足于当代中国现实,坚持以人民为中心的工作导向,坚持在实践中守正创新,不断铸就着中华文化的新辉煌。因此,坚定文化自信,坚持社会主义先进文化制度的不断完善和繁荣发展,才能凝聚人心,为国家治理体系和治理能力现代化提供深厚强大的精神支撑。

文化制度作为国家制度的有机组成部分和重要内容,对推进国家治理体系和治理能力现代化意义重大。"文化制度在国家制度中具有特殊的地位,源于文化本身所具有的更基础、更广泛、更深厚的特点。"[1] 不同性质的文化制度从一个侧面反映着一个国家的性质。2019年10月31日,中国共产党第十九届中央委员会第四次全体会议通过的《中共中央关于坚持和完善中国特色社会主义制度 推进国家治理体系和治理能力现代化若干重大问题的决定》(下文简称《决定》),在第七部分,对坚持和完善繁荣发展社会主义先进文化制度进行了专章论述,这部分内容明确反映了我国社会主义文化的性质,高度凝练了习近平新时代中国特色社会主义思想中关于文化建设的重要内容,也是新时代我国文化建设的重大方针政策在制度层面的呈现,为繁荣发展中国特色社会主义先进文化做出了重大部

---

[1] 周文彰. 繁荣发展社会主义先进文化的制度保障 [N]. 新华日报, 2019-12-17.

署，对建设社会主义文化强国提供了制度指南，指明了实践路径。新时代的社会主义文化建设，要认真按照党的十九届四中全会《决定》对发展先进文化的各项制度要求，筑牢社会主义先进文化繁荣发展的制度根基，把对文化自信的坚定，落实到具体的文化制度中，体现在行动上。

第一，在指导思想上，必须坚持马克思主义在意识形态领域居于指导地位的根本制度。

把马克思主义在意识形态领域的指导地位作为一项根本制度确定下来，这是在党的十九届四中全会上第一次明确提出来的，充分反映了我党对加强意识形态建设的认识达到了一个新境界。实践证明，新中国成立70年来，我们党领导人民创造的一切成就和奇迹，都得益于我们坚持以马克思主义为指导的国家制度和治理体系。中国特色社会主义展现出的蓬勃生命力让我们对毫不动摇地坚持与发展马克思主义充满了决心与信心。但我们也要清楚地看到，当今时代，意识形态领域依然很不平静，而且斗争十分复杂和尖锐。面对一些国外敌对势力的文化渗透，面对国内的一些错误观点和认识，我们必须旗帜鲜明，绝不能有半点妥协和退让。因此，把马克思主义在意识形态领域的指导地位作为一项根本制度确定下来，是我们党领导文化建设实践的成功经验和形成的方针原则，对文化建设意义重大。当今，对马克思主义在意识形态领域指导地位制度的坚持，要按照党的十九届四中全会提出的要求，首要的是要贯彻习近平新时代中国特色社会主义思想，这是马克思主义中国化的最新理论成果，是开展一切工作的行动指南。我们必须把坚持以习近平新时代中国特色社会主义思想为指导落实到方方面面，并把学术观点问题、思想认识问题、政治原则问题区分清楚，严格落实意识形态工作责任制，坚决反对和抵制各种错误观点，牢牢把握好社会主义先进文化前进的方向。

第二，在观念道德层上，必须坚持以社会主义核心价值观引领文化建设制度。

社会主义核心价值观是社会主义核心价值体系根本性质的体现，也是社会主义文化的灵魂，它决定着社会主义文化的性质和方向。积极培育和践行社会主义核心价值观，能有效整合社会意识，集聚强大的社会正能量，巩固我们共同的思想基础，巩固马克思主义在意识形态领域的指导地位。党的十九届四中全会提出的以社会主义核心价值观引领文化建设的制度，是当今我国文化建设的重要遵循和前进方向。在当今世界，面对社会主义市场经济条件下思想意识的多元多变，面对世界范围思想文化交流交锋的态势，我国文化建设制度只有在社会主义核心价值观的引领下，才能沿着正确的价值导向阔步前进。

新时期，坚持用社会主义核心价值观引领文化制度建设，应注意以下几点。首先，要加强理想信念教育的力度。通过一些制度、措施和办法，使理想信念教育常态化、规范化。通过讴歌时代精神，弘扬民族精神，让集体主义、爱国主义、文明道德成为人民追求的高尚情操；要树立坚定的共产主义理想信念，把理想信念教育从青少年抓起，形成齐抓共管机制，让共产主义成为我们矢志不渝、毫不动摇的目标，补足精神之钙。其次，要完善好弘扬社会主义核心价值观的法律政策体系。社会主义核心价值观的弘扬，只有教育引导肯定是不够的，还必须有政策来保障，有制度来规范。实践证明，任何观念在全社会中的最终形成，都是内化和外化相互作用的结果，教育引导是基础，法制法规是保障。只有内外互相促进，才会尽快使社会主义核心价值观落地生根。再次，推进中华优秀传统文化传承发展工程。中华优秀传统文化是中华民族的根和魂，也是社会主义核心价值观的思想源泉。如果抛弃传统优秀文化、就等于割断了社会主义核心价值观的精神命脉。坚守我们优秀的传统文化，不断

培育和弘扬社会主义核心价值观,是一项为民族立魂、为国家立心的工程。最后,健全志愿服务体系。习近平总书记指出:"志愿者事业要同'两个一百年'奋斗目标、同建设社会主义现代化国家同行。"志愿服务是一个社会文明进步的重要标志,也是培育和践行社会主义核心价值观的有效载体。新时代我国志愿事业的健全,要以志愿服务制度化为统领,按照不忘初心、牢记使命的要求,加大志愿服务体系建设,努力为国家现代化治理能力培育更大的力量。最后,完善诚信建设长效机制。诚信是社会主义核心价值观的重要内容。诚信建设反映着一个国家的文明程度和精神面貌。我党一向高度重视诚信建设问题,尤其党的十八大以来,党把诚信建设摆在了更加突出的地位,着力解决了我国诚信方面的一些突出问题,我国诚信的社会氛围正日益浓厚。但我们也还应当清醒地看到,当前社会上诚信缺失仍然是一个突出问题。要让诚信成为人人都遵守的社会道德规范,就需要我们决心把诚信建设作为培育社会主义核心价值观的重要任务,"健全覆盖全社会的征信体系,加强失信惩戒。"❶

第三,在文化事业上,必须要健全人民文化权益保障制度。

先进文化必须坚持以人民为中心的工作导向,这是由中国共产党的性质和宗旨决定的。我党的宗旨就是坚持全心全意为人民服务,这是我党的最高价值取向,也是党在90多年来奋斗历程中取得的宝贵经验。因此,坚持以人民为中心,是我党的政治灵魂,也是中国共产党人的初心和使命。中国共产党紧紧地依靠人民群众,一直把人民满意不满意作为检验一切工作的标准,得到了广大人民的真心拥护,从人民群众中汲取着前进的不竭动力,为实现中国梦和中华民族伟大复兴汇聚了强大的力量。因此,在社会主义先进文化制度的坚持和繁荣发展中,虽然我们关于文化的具体制度、体制、机制

---

❶ http://www.hprc.org.cn/gsyj/zhutiyj/19j4z/201911/t20191113_5034217.html.

等有很多,但价值取向是绝对一致的,这就是必须以人民为中心。党的十九届四中全会《决定》中提出的"健全人民文化权益保障制度",为新时期坚持以人民为中心的文化工作提供了导向和遵循。人民文化权益保障制度的健全,一是要推出更多群众喜爱的文化精品。要满足人民日益增长的精神文化需求,就必须多出文化精品。文化作品是不是精品,关键看它是否能满足人民的需要,是否受人民的喜爱,这也是精神文化产品的价值所在。能不能创作出精品,最根本的决定在于作品是否是为人民抒怀。随着人民生活水平的提高,人民对文化产品的要求更高、更多样化,因此,文化建设的各领域只有加快完善文化产品创作生产机制,把握人民需求,紧跟时代发展,以人民喜闻乐见的形势创作出更多优秀的作品,才会推动人民精神文化生活不断迈上新的台阶。二是要完善城乡公共文化服务体系。城乡公共文化服务体系是我国国家治理体系的重要组成部分,因此,国家治理体系和治理能力现代化的推进,也必然包括推进城乡公共文化服务体系和治理能力现代化。更好地把文化惠民落到实处,是城乡公共文化服务体系完善的重要内容。近年来,文化惠民取得显著成效,覆盖城乡的公共文化设施网络目前已初步形成,但总体来看,城乡公共文化建设差别依然较大,基层文化设施数量少且利用率低。因此,必须加大对乡村,尤其是一些贫困地区的文化建设,努力缩短城乡公共文化服务存在的差距,下大力气推动基层文化惠民工程扩大覆盖面,优化城乡文化资源配置,实现城乡公共文化服务建设均衡发展。三是要鼓励社会力量参与到公共文化服务事业中来,激发全社会文化创造的活力。当今,我国公共文化建设的力量还主要来自政府,但面对日趋丰富的多元文化需求,仅靠政府是不够的,我们要积极探索政府、市场与社会共建共赢、良性互动的模式,把社会力量的积极性调动起来,让社会和个人不仅成为文化的消费群体,而且也成为文化建设的群体,形成社会、个人与政府通力协作,共同建设公共文化事业的大好局面。

第四,在舆论导向上,必须完善坚持正确导向的舆论引导工作机制。

"党的新闻舆论工作是党的一项重要工作,是治国理政、定国安邦的大事。"❶舆论宣传工作的根本任务就是筑牢马克思主义在意识形态领域的指导地位,巩固我们共同的思想基础。舆论领域是意识形态领域思想的集中反映,舆论斗争是没有硝烟的战争。因此,我们要做好舆论工作,就必须夯实舆论宣传主阵地,坚持完善正确导向的舆论引导工作机制,把好意识形态方向盘。十八大以来,在党的领导下,我国舆论思想工作牢牢把握正确方向,积极传播正能量,为中国特色社会主义发展提供了有力的舆论支持。但我们还要看到,在当今中国决胜全面建成小康社会的关键时刻,我们面对的矛盾之复杂、挑战之多前所未有。在这样的形势下,坚持完善正确导向的舆论引导工作机制,充分发挥舆论工作的重要作用,对鼓舞士气,更好构筑中国力量意义重大而深远。当前,随着信息技术的广泛应用,舆论传播格局正在发生前所未有的变化,新媒体正迅速占领舆论的主阵地,适应这种新形势,我们必须不断推进舆论引导工作紧跟新媒体发展步伐,把握好舆论工作的主动权和主导权。

新时代坚持完善正确导向的舆论引导工作机制,需要紧密结合十九届四中全会的《决定》精神,把握好以下几点原则。一是坚持党管媒体原则。坚持党管媒体原则,是我们做好舆论工作的重要保证,也是我们党在宣传思想工作方面总结历史经验教训得出的必然结论。我党是中国特色社会主义事业的领导核心,党领导下的媒体也必须是党和政府的宣传阵地,这是毋庸置疑的。近年来,新媒体的快速发展使信息传播方式发生了极大改变,因此,必须适应新时

---

❶ http://cpc.people.com.cn/xuexi/n1/2016/1108/c385474-28844285.html.

代媒体发展的形势,及时把党管媒体的原则贯彻到新媒体领域。习总书记在党的新闻舆论工作上指出:"要把党管媒体原则贯彻到新媒体领域,所有从事新闻信息服务、具有媒体属性和舆论动员功能的传播平台都要纳入管理范围,所有新闻信息服务和相关业务从业人员都要实行准入管理。"❶ 我们要严格按照总书记的要求,舆论阵地在哪里,党管媒体的原则就延伸到哪里,把党管媒体的原则贯彻落实到各级各类媒体之中,让我们的舆论及时发出"主流声音",传播正能量,弘扬主旋律,让党的主张成为时代最强音。二是以正面宣传为主。"正面宣传为主"是我党指导新闻舆论工作的一贯指导方针。这一方针就是要及时准确地宣传党和政府的各项政策,坚持团结稳定鼓劲,弘扬正能量,形成鼓舞人们前进的巨大精神力量。舆论虽然是可以多元化的,但导向必须是鲜明的。当然,舆论报道不能没有揭露和批评,但这只能占次要地位,且不宜过度和集中。正面宣传必须占主导地位,这是激发人们的信心和力量、激励人们战胜各种困难和挑战的需要。新时代,对媒体来说,要做好正面宣传为主,还必须"改进和创新正面宣传,完善舆论监督制度,健全重大舆情和突发事件舆论引导机制"❷,使正面宣传的质量和水平不断得到提高。三是建立健全网络综合治理体系。互联网的迅速发展使我们进入了一个现实空间共存与网络空间并行的双空间格局,当前,我国网民已达 8 亿多人,互联网已成为舆论领域的主阵地,因此,加强网络空间治理已是我们必须面对的重大问题。党的十八大以来,以习近平同志为核心的党中央审时度势,提出一系列网络空间治理的新思想,在网络综合治理方面成效显著。党的十九大提出:"建立

---

❶ 习近平新时代中国特色社会主义思想学习纲要(12)[N]. 人民日报,2019 - 08 - 06.

❷ https:∥theory. gmw. cn/2019 - 12/02/content_33367882. htm.

网络综合治理体系,营造清朗的网络空间,"❶是新时代我们做好网络空间治理工作遵循的原则。因此,对互联网空间的治理,绝不能单靠某一种方法。我们的当务之急是必须树立网络综合治理思维,健全协调推进工作机制,调动一切方面的积极性,利用多种手段相结合的综合网络治理体系。同时,我们要按照党的十九届四中全会的要求:"加强和创新互联网内容建设,落实互联网企业信息管理主体责任,全面提高网络治理能力。"❷只有通过网络综合治理体系的不断健全和完善,才能使我们的网络空间不断地清朗起来。

第五,在文化产业上,必须建立健全把社会效益放在首位、社会效益和经济效益相统一的文化创作生产体制机制。

在文化创作生产体制机制中,为什么要强调把社会效益放在首位?这取决于中国特色社会主义文化发展的宗旨和价值追求。社会主义是一种价值定位,社会主义先进文化具有人民性,其发展的最终目的是实现人的全面发展,这也是马克思主义最鲜明的品格,因此,把社会效益放在首位,反映了社会主义价值所遵循的必然逻辑。既然已经突出强调社会效益,为什么又要求社会效益和经济效益相统一的"两效统一"问题?文化产业有意识形态和产业双重属性,文化产品要进入市场就会讲经济效益,经济效益是评价包含文化产业在内的所有生产活动的主要指标之一,当然,马克思主义的文化理论也需直面这一问题。在市场经济机制下,经济效益从表面上看似乎只是金钱问题,但一种文化产品经济效益的好坏,直接反映了它受市场欢迎的程度和文化产品本身的合规律性,也直接影响着对文化生产主体活力的激发和文化主体自身的权益。如果一个文化产品没有经济效益,即使它表达的观点再好,就是没有人想去买,那它又有什么用?存在的价值体现在哪里?因此,我们必须正确看待

---

❶ http://media.people.com.cn/n1/2018/0601/c419929-30029418.html.

❷ http://www.hprc.org.cn/gsyj/zhutiyj/19j4z/201911/t20191113_5034217.html.

经济效益对文化产业发展的意义。当然,之所以要求社会效益和经济效益相统一,目的是制约文化产业发展中出现的为了实现经济利益而不择手段甚至突破底线的行为,避免出现"'产业'压倒'事业','商品性'压倒'思想性和艺术性','追求利润'压倒'坚守意识形态'的错误倾向。避免推崇"唯票房、唯发行量、唯收视率和唯流量论"❶。习总书记指出,我们要"把握好意识形态属性和产业属性、社会效益和经济效益的关系,始终坚持社会主义先进文化前进方向,始终把社会效益放在首位"。所以,繁荣发展社会主义文化产业,一定要建立健全"两效统一"体制机制,使市场价值服从社会价值,经济效益服从社会效益。

当今,建立健全"两效统一"的文化创作生产体制机制,一要把文化体制改革继续推向深入。习近平总书记在 2018 年 8 月召开的全国宣传思想工作会议上指出:"要坚定不移将文化体制改革引向深入,不断激发文化创新创造活力。"❷ 新时期的文化体制改革已经进入深化和攻坚阶段,此时不但改革难度加大,而且成本很高。这对于我们来说,不仅需要有大勇大智,而且还迫切要弄清楚我们亟待解决的问题,只有这样,我们才能推动文化体制改革向纵深顺利进行。二要按照社会主义市场发展的要求,积极探索社会主义先进文化发展规律,让市场、技术成为驱动文化产业发展的核心力量。三要以激发全民族文化创新活力为中心环节。文化体制改革的目的就是把社会主义文化事业放开搞活,激发文化创新的活力,扫清文化发展的体制性障碍。新时代的文化体制改革应大力营造激发全民族文化创造活力的社会环境,使一切创新因素得到尽情发挥,让创新

---

❶ 对"唯票房、唯发行量、唯收视率、唯流量"说不[N]. 光明日报,2019 - 07 - 02.

❷ 激发文化创新创造活力——文化强国建设的中国实践[EB/OL]. 新华网,2018 - 10 - 13.

成为文化领域的主旋律,以此推动我国文化事业的蒸蒸日上。四要健全现代文化产业体系和市场体系。健全现代文化产业体系和市场体系,要推动各类文化市场主体发展壮大,以高质量发展为导向,大力培育新型文化业态,以高质量的文化供给满足人们的文化幸福感。五要完善文化和旅游融合发展体制机制。2018年,国务院将文化部、国家旅游局整合为文化和旅游部,这一年也是文化和旅游融合发展的元年。许多实践事例证明,文化与旅游融合形成的新业态,适应了当下人们的需求,受到人们的青睐,成了消费的新热点。所以,今后,要继续加大调整和整合文化产业资源,让融合成为文化产业发展的大趋势。六要加强对文艺创作的引导,坚持以文塑魂。文化是一个民族的根和魂,中国特色社会主义文化的魂就是我们的社会主义核心价值观,价值观决定文化的取向和生命力。新时代文化产业的推进,要始终以社会主义核心价值观为重点,抵制一切低俗庸俗媚俗的错误倾向,完善倡导讲品位讲格调讲责任的工作机制,以此来发展繁荣社会主义的文化事业,不断培植出高度的文化自信。

中国特色社会主义来之不易,近代以来,无数仁人志士经过神农尝百草般的英勇探索,终于找到了适合中国发展的光明大道,经历先辈们的浴血奋战和我们披荆斩棘的艰难前行,当今之中国已经在中国特色社会主义的康庄大道上阔步前行。沐浴着新时代的曙光,我们日益走近世界舞台的中央。因此,在新时代,新的历史条件下,我们要倍加珍惜包括文化制度在内的中国特色社会主义的各项制度,坚定四个自信,筑牢社会主义先进文化繁荣发展的制度根基,加快实现我国各方面制度的更加完善,尽快使中国特色社会主义制度的优越性充分展现出来,建构起更加坚定的中国特色社会主义文化自信。

参考文献

马克思主义经典著作

[1] 马克思恩格斯选集：第1卷[M]. 北京：人民出版社，1995.

[2] 马克思恩格斯选集：第2卷[M]. 北京：人民出版社，1995.

[3] 列宁全集：第33卷[M]. 北京：人民出版社，1985.

[4] 毛泽东选集：第2卷[M]. 北京：人民出版社，1991.

[5] 邓小平文选：第2卷[M]. 北京：人民出版社，1994.

[6] 邓小平文选：第3卷[M]. 北京：人民出版社，1993.

[7] 江泽民文选：第3卷[M]. 北京：北京人民出版社，2006.

[8] 江泽民. 高举邓小平理论伟大旗帜，把有中国特色社会主义事业全面推向二十一世纪[N]. 人民日报，1997-09-22.

[9] 江泽民. 中共十四届六中全会闭幕会上的讲话[N]. 中国教育报，1997-05-12.

[10] 江泽民. 论科学技术[M]. 北京：中央文献出版社，2001.

[11] 周恩来. 关于目前国际形势、我国外交政策和解放台湾问题的发言（之二）[N]. 人民日报，1956-06-29.

[12] 江泽民. 论党的建设[M]. 北京：中央文献出版社，2001.

[13] 胡锦涛. 在中国共产党第十七次全国代表大会上的报告[M]. 北京：人民出版社，2007.

[14] 中共中央关于加强党的执政能力建设的决定[M]. 北京：人民出版社，2004.

[15] 中共中央关于构建社会主义和谐社会若干重大问题的决定[N]. 人民日

报，2006-10-19.

[16] 江泽民. 论"三个代表"[M]. 北京：中央文献出版社，2001.

[17] 胡锦涛. 高举中国特色社会主义伟大旗帜，为夺取全面建设小康社会新胜利而奋斗——在中国共产党第十七次全国代表大会上的报告[M]. 北京：人民出版社，2007.

[18] 江泽民. 论有中国特色社会主义（专题摘编）[M]. 北京：中央文献出版社，2002.

[19] 中国共产党第十五次全国代表大会文件汇编[M]. 北京：人民出版社，1997.

[20] 胡锦涛在全国科学技术大会上的讲话[EB/OL]. 新华网，2006-01-09.

[21] 中共中央文献研究室. 十八大以来重要文献选编：上[M]. 北京：中央文献出版社，2014.

[22] 中共中央文献研究室. 十八大以来重要文献选编：中[M]. 北京：中央文献出版社，2016.

[23] 习近平. 习近平谈治国理政[M]. 北京：外文出版社，2014.

[24] 习近平. 在哲学社会科学工作座谈会上的讲话[M]. 北京：人民出版社，2016.

[25] 习近平. 在庆祝中国共产党成立95周年大会上的讲话[M]. 北京：人民出版社，2016.

[26] 习近平. 决胜全面建成小康社会 夺取新时代中国特色社会主义伟大胜利——在中国共产党第十九次全国代表大会上的报告[M]. 北京：人民出版社，2017.

[27] 习近平. 习近平谈治国理政：第2卷[M]. 北京：外文出版社，2017.

[28] 秦刚. 中国特色社会主义理论体系研究[M]. 北京：中共中央党校出版社，2014.

[29] 张国祚. 中国文化软实力研究论纲[M]. 北京：社会科学文献出版社，2015.

[30] 陈先达. 马克思主义和中国传统文化[M]. 北京：人民出版社，2015.

[31] 梁漱溟. 中国文化的命运[M]. 北京：中信出版社，2016.

[32] 季羡林.谈东西方文化[M].杭州：浙江人民出版社，2016.

[33] 郑永年.中国崛起重估亚洲价值观[M].北京：东方出版社，2016.

[34] 秦刚.中国特色社会主义道路研究？[M].北京：中共中央党校出版社，2017.

[35] 陈先达.文化自信——做理想信念坚定的中国人[M].长春：吉林人民出版社，2017.

[36] 王蒙.王蒙谈文化自信[M].北京：人民出版社，2017.

[37] 沈壮海.论文化自信[M].武汉：湖北人民出版社，2019.

[38] 周宪.20世纪西方美学[M].南京：南京大学出版社，1999.

[39] 曹锡仁.中西文化比较导论[M].北京：中国青年出版社，1992.

[40] 中国大百科全书·社会学卷[M].北京：中国大百科全书出版社，2000.

[41] 中国大百科全书·哲学卷[M].北京：中国大百科全书出版社，2000.

[42] 辞海[M].上海：上海辞书出版社，2000.

[43] 张岱年，汤一介等.文化的冲突与融合[M].北京：北京大学出版社，1997.

[44] 李承贵.中西文化之会通[M].南昌：江西人民出版社，1997.

[45] 季羡林.东方文化集成总序·东西方文化议论集[M].北京：经济日报出版社，1997.

[46] 王树人.文化的民族性和世界性问题·世纪之交的论辩[M].北京：北京大学出版社，1994.

[47] [南宋]朱熹.朱文公文集·答陈齐仲.

[48] 钱穆.中国文化史导论[M].中国台北：正中书局，1951.

[49] 李振纲.文化忧思录[M].石家庄：河北大学出版社，1994.

[50] 社会主义精神文明建设文献选编[M].北京：中央文献出版社，1996.

[51] 十三大以来重要文献选编（下）[M].北京：人民出版社，1993.

[52] 俞可平.全球化时代的国家形象[M]//乔舒亚·库珀·雷默，等.中国形象：外国学者眼里的中国.北京：社会科学文献出版社，2006.

[53] 许嘉.美国战略思维研究[M].北京：军事科学出版社，2003.

[54] 王晓德.美国文化与外交[M].北京：世界知识出版社，2000.

[55] 蔡翔. 日常生活的诗情消解［M］. 北京：学林出版社, 1994.

[56] 王先霈. 文学批评术语辞典［M］. 上海：上海出版社, 1999.

[57] 柳静. 西方对外战略策略资料：第1辑［M］. 北京：当代中国出版社, 1992.

[58] 王缉思. 文明与国际政治：中国学者评亨廷顿的文明冲突论［M］. 上海：上海人民出版社, 1995.

[59] 叶自成. 对外开放与中国的现代化［M］. 北京：北京大学出版社, 1997.

[60] 商聚德, 刘荣兴, 李振纲. 中国传统文化导论［M］. 石家庄：河北大学出版社, 1996.

[61] 牟钟鉴. 儒学价值的新探索［M］. 济南：齐鲁书社, 2001.

[62] 梁守德. 21世纪：东亚文化与国际社会［M］. 北京：当代世界出版社, 2002.

[63] 王列, 杨雪冬编译. 全球化与世界［M］. 北京：中央编译出版社, 1998.

[64] 韩庆祥, 亢安毅. 马克思开辟的道路：人的全面发展研究［M］. 北京：人民出版社, 2005.

[65] 胡惠林. 文化产业发展与国家文化安全［M］. 广州：广东人民出版社, 2005.

[66] 辜鸿铭. 中国人的精神［M］. 海口：海南出版社, 1996.

[67] 鲁迅选集：第4卷［M］. 北京：人民文学出版社, 1983.

[68] 于幼军. 社会主义初级阶段文化论［M］. 北京：人民出版社, 1999.

[69] 元康. 从中国文化到现代性：典范转移［M］. 北京：生活·读书·新知三联书店, 2000.

[70] 梁漱溟. 东西文化及其哲学［M］. 北京：商务印书馆, 1999.

国外著作

[1] 特里·伊格尔顿. 文化的观念［M］. 方杰, 译. 南京：南京大学出版社, 2003.

[2] 阿努拉·古纳锡克拉, 等. 全球化背景下的文化权利［M］. 张毓强, 等, 译. 北京：中国传媒大学出版社, 2006.

[3] 弗雷德里克·杰姆逊. 晚期资本主义的文化逻辑［M］. 陈清侨, 等, 译.

北京：生活·读书·新知三联书店，1977.

[4] 乔纳森·弗里德曼. 文化认同与全球性过程 [M]. 郭建如, 译. 北京：商务印书馆，2003.

[5] 乔斯姆基. 新自由主义和全球秩序 [M]. 徐海铭, 季海宏, 译. 南京：江苏人民出版社，2000.

[6] 理查德·D. 刘易斯. 文化的冲突与共融 [M]. 关世杰, 译. 北京：新华出版社，2002.

[7] 塞缪尔·亨廷顿. 文明的冲突与世界秩序的重建 [M]. 周琪, 等译. 北京：新华出版社，2002.

[8] C. W. 沃特森. 多元文化主义 [M]. 叶兴艺, 译. 长春：吉林大学出版社，2005.

[9] 约翰·汤姆林森. 全球化与文化 [M]. 郭英剑, 译. 南京：南京大学出版社，2002.

[10] 谢里夫·海塔塔. 美文化·解体和上帝 [M]//弗雷德雷克·杰姆逊, 三好将夫. 全球化的文化. 南京：南京大学出版社，2002.

[11] 欧文·拉兹洛. 布达佩斯俱乐部全球问题最新报告——第三个100年 [M]. 王宏昌, 王裕棣, 译. 北京：社会科学文献出版社，2004.

[12] 利玛窦. 中国札记 [M]. 北京：中华书局，1983.

[13] 詹姆斯·N. 罗西瑙. 全球化的复杂性与矛盾 [M]//王列, 杨雪冬. 全球化与世界. 北京：中央编译出版社，1998.

[14] 弗朗西斯·福山. 历史的终结及最后之人 [M]. 北京：中国社会科学出版社，2003.

[15] 黑格尔. 历史哲学 [M]. 北京：三联书店，1956.

[16] 约瑟夫·奈. 软力量：世界政坛成功之道 [M]. 北京：东方出版社，2005.

[17] 阿兰·伯努瓦. 面向全球化 [M]//王列, 杨雪冬. 全球化与世界, 北京：中央编译出版社，1998.

[18] 罗素. 中西文化比较·一个自由人的崇拜 [M]. 长春：时代文艺出版社，1988.

[19] 阿尔温·托夫勒. 权力的转移 [M]. 北京：中共中央党校出版社, 1995.

[20] 欧文·拉兹洛. 多种文化的星球：联合国教科文组织国际专家小组的报告 [M]. 戴侃, 辛未, 译. 北京：社会科学文献出版社, 2001.

[21] 爱德华·W. 萨义德. 文化与帝国主义 [M]. 北京：三联书店, 2003.

[22] 布热津斯基. 大失控与大混乱 [M]. 北京：中国社会科学出版社, 1995.

[23] 萨伊德. 东方学 [M]. 北京：三联书店, 1999.

[24] 伯兰特·罗素. 中国问题 [M]. 上海：学林出版社, 1996.

[25] 弗朗西斯·斯托纳·桑德斯. 文化冷战与中央情报局 [M]. 曹大鹏译, 北京：国际文化出版公司, 2002.

[26] 约瑟夫·奈. 权力大未来 [M]. 王吉美, 译. 北京：中信出版社, 2012.

[27] 约翰·B. 汤普森. 意识形态与现代文化 [M]. 高钴, 译. 南京：译林出版社, 2012.

[28] 约瑟夫·奈. 软实力 [M]. 马娟娟, 译. 北京：中信出版社, 2015.

[29] 伯尔尼德·哈姆, 拉塞尔·斯曼戴奇. 论文化帝国主义 [M]. 北京：商务印书馆, 2015.

[30] 塞缪斯·亨廷顿. 文明的冲突与世界秩序的重建 [M]. 周琪, 等, 译. 北京：新华出版社, 2018.

[31] Elias. The Civilizing Process：Volume Ⅰ：The History of Manners [M]. New York, Pantheon Books, 1978.

[32] Philip H. Coombs. The Fourth Dimension of Foreign Policy：Educational and Affairs, New York, 1964.

[33] T. Bennett. Popular culture and social relatrion [M]. Open University Press, 1986.

[34] Xue Jiang, Yuchen Tian. Cultural Confidence of Chinese People：Reflection on the Spirit of the Chinese People [M]. Higher Education of Social Science, 2016.

论文

[1] 习近平. 文明交流互鉴是推动人类文明进步和世界和平发展的重要动力 [J]. 求是, 2019 (09).

[2] http://www.hprc.org.cn/gsyj/zhutiyj/19j4z/201911/t20191113_5034217.html.

[3] 习近平新时代中国特色社会主义思想学习纲要(12)[N].人民日报,2019-08-06.

[4] https：//theory.gmw.cn/2019-12/02/content_33367882.htm.

[5] http：//media.people.com.cn/n1/2018/0601/c419929-30029418.html.

[6] 激发文化创新创造活力——文化强国建设的中国实践[N].新华网,2018-10-13.

[7] 对"唯票房、唯发行量、唯收视率、唯流量"说不[N].光明日报,2019-07-02.

[8] http：//topics.gmw.cn/2017-04/27/content_23734160_2.html.

[9] 周文彰.繁荣发展社会主义先进文化的制度保障[N].新华日报,2019-12-17.

[10] 黄楠森.论文化的内涵与外延[J].北京社会科学,1997(04).

[11] 吕松涛.论全球文化的生成[J].福建党史月刊,2005(12).

[12] 关静杰.论全球化背景下的中西文化整合[J].哈尔滨市委党校学报,2006(04).

[13] 刘立成.论全球化背景下的文化整合[J].理论前沿,2006(07).

[14] 李丹.文化全球化的前景与和谐世界的构建[J].中国人民大学学报,2008(01).

[15] 韦幼苏.文化球化与构建中国先进文化[J].南开大学学报(人文科学版),2002(03).

[16] 徐枫.欧洲文化政策的主要原则[J].思想战线,2000(04).

[17] 李忠杰.我国需要更高层次的国际战略——"怎样认识和把握当今的国际战略形势"之八[J].瞭望新闻周刊,2002(32).

[18] 江忆恩.中国参与国际体制的若干思考[J].世界经济与政治,1999(07).

[19] 汤一介.转型时期的中国文化发展[J].21世纪(香港中文大学),1991(07).

[20] 印秀杰.论综合国力竞争与文化冲突[J].学术交流,2005(08).

[21] 张杰. 文化自觉、文化战争、文化立国 [J]. 南京社会科学, 2008 (02).

[22] http://news.sina.com.cn/c/2003-11-24/12541176473s.shtml.

[23] http://www.fmprc.gov.cn.

[24] http://www.xinhuanet.com, 2003-12-26.

[25] http://www.Xinhuanet.com, 2004-03-14.

[26] http://www.confucius2000.com.

[27] 王新生. 市民社会概念的三重意蕴 [J]. 学海, 2000 (01).

[28] 刘永涛. 文化与外交：战后美国对外文化战略透视 [J]. 复旦学报, 2001 (03).

[29] 巴达维. 全球化的风险及前景 [N]. 参考消息, 2000-06-26.

[30] 裘士京. 试论中国传统文化的特征 [J]. 安徽师范大学学报, 1999 (02).

[31] 吴健. 东方价值：世界文化共享 [J]. 理论导刊, 2004 (01).

[32] 张敏. 法国当代文化政策的特色及其发展 [J]. 国外理论动态, 2007 (03).

[33] 范风国. 维护文化安全浅探 [N]. 中国国防报, 2001-08-20.

[34] 方宁. 世纪之交中国文艺理论研究的回顾与展望 [N]. 光明日报, 1999-07-22.

[35] 胡惠林. 文化产业发展与国家文化安全思考 [J]. 上海社会科学院学术季刊, 2000 (02).

[36] 方立. 全球化进程中国际经济、政治、文化关系的相互渗透与影响 [J]. 理论前沿, 2000 (21).

[37] 李岫. 谈当前大力发展文化产业的几个问题 [J]. 中国特色社会主义研究, 2008 (04).

[38] 高丙中. 中国文化与世界文化的碰撞与融通 [J]. 中国文化研究, 1996 (14).

[39] 沈清基. 全球生态环境问题及其城市规划的应对 [J]. 城市规划汇刊, 2001 (15).

[40] 石中英. 学校教育与国家文化安全 [J]. 教育理论与实践, 2000 (11).

[41] 杜维明. 儒家人文主义的生态转向：对中国和世界的启示 [J]. 中国哲

学史，2002（2）.

[42] 环球时报［N］. 2002-11-11.

[43] http：//www.unesco.org/culture/industries.

[44] 李资政. 东西方文化与现代化［N］. 李慧玲译. 联合早报，2004-04-22.

[45] The Boston Globe. 1996-07-28.

[46] 李舫. 寒冬虽未尽，春暖待花开：我国文化产业"逆势上扬"的观察与思考［J］. 青岛科技大学学报（社会科学版），2005（02）.

[47] 参考要闻，新华通讯社. 2000-01-10.

[48] 周文彰. 推动海南文化大发展大繁荣［J］. 求是，2008（09）.

[49] 周文彰. 论文化价值观：下［J］. 中国党政干部论坛，2006（11）.

[50] 马俊峰，李德顺. 当代中国人的文化觉醒——国内价值哲学研究三十年述评［J］. 社会科学战线，2009（03）.

[51] 马俊峰. 文化发展的方向和趋势［J］. 理论视野，2009（09）.

[52] 爱德华·萨义德. 文化与帝国主义［J］. 马克思主义与现实，1999（04）.

[53] 亚历山大·斯蒂尔. 国家富不富文化最重要［J］. 国外社会科学文摘，2001（04）.

[54] 弗兰克·柯维奇. 美国对外文化关系的历史轨迹［J］. 编译参考，1991（08）.

[55] 塞缪尔·亨廷顿. 再论文明的冲突［J］. 新华文摘，2003（05）.

[56] 黄力之. 马克思主义中国化与儒家思想的文化自信之辨［J］. 思想理论教育，2017（09）：10-17.

[57] 公方彬. 政治观视野里的文化自信［J］. 人民论坛·学术前沿，2017（07）：54-59.

[58] 邹广文，乔瑞华. 关于文化自信问题的几点思考［J］. 北京行政学院学报，2017（02）：86-91.

[59] 颜晓峰. 中国特色社会主义文化重要功能愈加凸显［J］. 人民论坛，2017（07）：128-130.

[60] 仲呈祥. 中国优秀传统文化是中华民最深厚的文化软实力［J］. 前线，2017（02）：39-42.

[61] 陈先达．中国传统文化的创造性转化和发展［J］．前线，2017（02）：33－38．

[62] 艾斐．文化自信何以为"更基础、更广泛、更深厚的自信"［J］．红旗文稿，2017（01）：11－14．

[63] 沈壮海．担负好涵养文化自信的教育使命［J］．中国高等教育，2016（Z2）：9－10，136．

[64] 陈先达．文化自信既具有政治性又具有学术性［J］．红旗文稿，2017（13）：40－41．

[65] 刘云山．文化自觉文化自信文化自强——对繁荣发展中国特色社会主义文化的思考（下）［J］．红旗文稿，2010（17）：4－9．

[66] 邹广文．改革开放以来的文化自信源自何处［J］．人民论坛，2018（34）：23－25．

[67] 秦刚．中国特色社会主义理论体系的文化蕴含［J］．中共中央党校学报，2014，18（02）：5－11．

[68] 单霁翔．在坚定文化自信中推进新时代文化创新发展［J］．中国党政干部论坛，2018（12）：6－9．